Cognac

DAS HANDBUCH FÜR GENIESSER

Widmung
Für Fiona

EVERGREEN is an imprint of
Benedikt Taschen Verlag GmbH

© für diese Ausgabe: 1999 Benedikt Taschen Verlag GmbH
Hohenzollernring 53, D–50672 Köln
The Cognac Companion. A Connoisseur's Guide
© 1997 Quintet Publishing Limited
Übersetzung aus dem Englischen
(für Agents-Producers-Editors):
Susanne Stielau, London
Redaktion und Satz der deutschen Ausgabe:
Agents-Producers-Editors, Overath
Umschlaggestaltung: Angelika Taschen, Köln

Printed in China
ISBN 3-8228-7125-7

Inhalt

TEIL I
Die Welt des Cognacs 6

Weinstöcke und Weinberge 13

Destillation 23

Die langsame Reifung 26

Reifung, Verschnitt, Etikettierung 31

Cognacgläser 33

Verkosten von Cognac 34

Regionale Küche 37

Touristische Attraktionen 41

TEIL II
Das Cognac-Verzeichnis 48

Glossar 220

Register 222

TEIL I

Die Welt des Cognacs

»ROTWEIN IST DER LIKÖR

FÜR JUNGEN;

PORTWEIN DER FÜR MÄNNER;

WER JEDOCH EIN HELD SEIN WILL,

MUSS WEINBRAND TRINKEN.«

Samuel Johnson muß an Cognac gedacht haben, als er im April 1779 diese Zeilen schrieb. Cognac, der feinste Weinbrand, besticht durch Eleganz und die Tiefe seines Charakters. Nach wie vor findet sein Geburtsort nur wenig Interesse, und auch seine Herstellung wird kaum gewürdigt.

Die Welt des Cognacs

Die Cognac-Region, von Historikern nach dem gallischen Stamm der Santonen oft als »Saintonge« bezeichnet, liegt in Westfrankreich nördlich von Bordeaux, wo sich die Charente ihren Weg durch die Städte Angoulême, Jarnac, Cognac, Saintes und Rochefort bahnt und in den Atlantik mündet.

Mehrere neolithische Dolmen zeugen von der langen Besiedelung dieser Region durch die Römer, die hier den Weinbau und die Salzgewinnung einführten. Zwischen 276 und 282 förderte der römische Kaiser Probus die Kultivierung von Weinstöcken in diesem Gebiet, das im 12. Jahrhundert für die Weinproduktion berühmt war. Neben dem Verkauf von Salz nach Skandinavien, England und in die Niederlande etablierte sich mit dem Wein ein zweiter Handelszweig.

Für die Verlagerung des Produktionsschwerpunktes der Region vom Wein zum Cognac gibt es mehrere Gründe. Zum einen führte die Transportempfindlichkeit des schwach alkoholischen Weines dazu, daß niederländische Händler den Wein nach seiner Ankunft destillierten. Um diesen Bedürfnissen gerecht zu werden, installierten die Franzosen holländische Brennblasen und begannen mit dem Handel von Weinbrand. Die wachsende Nachfrage nach diesem Weinbrand im Ausland führte zusammen mit höheren Transportzöllen auf der Charente (im Vergleich zu denen auf der Gironde und der Loire) von 1620–1650 zu einer raschen Bedeutungszunahme der Destillation.

Im späten 17. und im 18. Jahrhundert nahm die Zahl der Destillateure in der Region zu – adlige Grundbesitzer, Dorfpriester und ein-

DIE STADT JARNAC UM 1610

JEAN MARTELL (1694–1753), GRÜNDER DES
ÄLTESTEN DER GROSSEN COGNAC-HÄUSER

fache Bauern versuchten sich in diesem Geschäft. Fünf Rebsorten versprachen ergiebige Ernten und eigneten sich ausgezeichnet für die Herstellung von Weinbrand: Balzac, Blanche Ramée, Folle Blanche (mit Abstand die beliebteste), Gros Blanc und Gros Bouillau. Die Kultivierung erfolgte planlos, die Weinreben wurden ohne Stöcke und Spanndrähte im Abstand von knapp einem Meter gesetzt. Wenn Pflanzen eingingen, wurden einfach gesunde Reben daneben eingesetzt. Mehltau und andere Pflanzenkrankheiten waren damals noch unbekannt.

Mehrere Ausländer ließen sich im Gebiet der Charente nieder und leiteten eine Blüte des Weinbrandhandels ein. James Delamain kam 1759 aus Irland, Jean Martell verließ 1715 die Kanalinsel Jersey, um sich in Cognac niederzulassen, und Richard Hennessy aus dem irischen Cork gründete seine Firma 1765. Er hatte als Captain einer irischen Brigade Ludwigs XV. in dieser Region gedient. Thomas Hine aus Dorset (England) kam 1782 nach Cognac. Jean-Antoine Otard de la Grange, der Mitbegründer von Otard (1799), entstammte einer schottischen Familie, die Jakob II. in das Exil gefolgt war.

Die Welt des Cognacs

JEAN-ANTOINE OTARD DE LA GRANGE, 1799 MITBEGRÜNDER VON OTARD

THOMAS HINE (1755–1822) WAR EIGENTÜMER VON HINE
UND SEHR ERFAHREN IN DER KUNST DES DESTILLIERENS.

Im Laufe der Zeit verbesserten sich die Brennblasen, und die zweifache Destillation wurde zum Standard. Die mit Holzfeuer beheizten Kessel hatten ein Fassungsvermögen von 200–300 Litern. Schon damals hatte der obere Teil der Brennblase eine Turbanform, und das aus Kupfer oder Terrakotta gefertigte schwanenhalsförmige Rohr führte zu einem Kondensator, der zu jener Zeit oft nur aus einem mit Wasser gefüllten Faß bestand. Mehrere aufeinanderfolgende Erhitzungsvorgänge waren erforderlich, um den nach englischem Gesetz maximal zulässigen Alkoholgehalt von 67 Vol.-% für einfache Zölle zu erhalten (stärker alkoholhaltiger Weinbrand unterlag doppelter Besteuerung). Der Rohbrand, »brouillis« genannt (das Produkt aus der ersten Erhitzung) wurde entweder erneut destilliert oder neuem Brennwein zugegeben. In beiden Fällen wurde nach jedem Erhitzen nur der Mittellauf aufbewahrt.

Der Cognac-Handel lag im 18. und frühen 19. Jahrhundert vorwiegend in der Hand von Protestanten, die weit über die Landesgrenzen hinaus ein Netzwerk bildeten. Zunächst wurde der Weinbrand nur in Fässern verkauft, entweder als »brauner Cognac« (mit braunem Zuckersirup gesüßt) oder »pâle« (ohne entsprechende Zusätze). Ab 1850 exportierten die Handelshäuser zunehmend auch in Flaschen. In

CHARENTAIS-KUPFER AUS DEM 19. JAHRHUNDERT

der Stadt Cognac begann die Glasproduktion, und bis 1880 wurde eine Million Kisten Weinbrand verkauft (heute sind es etwa 12,1 Millionen Kisten).

Im Jahr 1878 zerstörte die Reblaus Phylloxera die damals etwa 279 875 Hektar große Rebfläche Cognacs. Nur der auf den feuchten Lehmböden im Flachland angebaute Wein blieb verschont. Um 1893 waren nur noch 39 982 Hektar im Ertrag. Die sukzessive Veredelung auf Phylloxera-resistente amerikanische Wurzelstöcke war zeitaufwendig. Mehltaupilze (»echter« und »falscher« Mehltau) verursachten zusätzliche Probleme.

OFFIZIELLE STATISTIKEN DES COGNACIMPORTES IN DIE USA 1881

Das Endergebnis war eine Umstellung der Weinstockkultivierung. Der Anbau erfolgte nun in Reihen, und ein ausreichender Reihenabstand ermöglichte den Einsatz von Pflügen sowie von Ochsen gezogenen Eggen, die ab 1950 durch Traktoren ersetzt wurden. Der Abstand zwischen den Reihen wurde von 0,6 auf 1,8 Meter erweitert, und man führte Stöcke und Spanndrähte ein.

ETIKETTIERUNG VON FLASCHEN BEI OTARD, FRÜHES 19. JAHRHUNDERT

Weinstöcke und Weinberge

Ein später ergänztes Dekret definierte im Mai 1909 die Grenzen des Gebietes, in dem legal Cognac hergestellt werden darf. Es erstreckt sich entlang der Ufer der Charente, einem breiten, in der Regel ruhigen Strom, den Heinrich IV. als »den schönsten Strom meines Königreiches« bezeichnet hatte. Zur Region gehören der Großteil des Départements Charente, das Département Charente-Maritime sowie kleine Teile der Départements Deux-Sèvres und Dordogne. Von den 1 133 099 Hektar werden 687 953 Hektar als »für die Kultivierung geeignet« eingestuft. Zur Zeit sind 82 333 Hektar im Ertrag für Wein.

Die durchschnittliche Jahrestemperatur der Region liegt bei 13,3 °C (21,5 °C im Sommer, abfallend auf 6,5 °C im Winter).

Im Herzen der insgesamt sechs Anbaugebiete liegt die Grande Champagne mit stark kreidehaltigen Böden. Die meisten Kenner sind davon überzeugt, daß hier der qualitativ hochwertigste Cognac erzeugt wird, der sich durch seine Finesse auszeichnet.

DER FLUSS CHARENTE IN JARNAC

WEINBERGE DER FIRMA RÉMY MARTIN IN DER GRANDE CHAMPAGNE

Die Grande Champagne, auch als »premier cru« oder »beste Lage« bezeichnet, erstreckt sich über 27 Gemeinden, in denen auf rund 13 400 Hektar Wein angebaut wird. Im Zentrum liegt das Dorf Segonzac, die Stadt Cognac am nordwestlichen Rand. Die Cognacs aus diesem Gebiet verdanken ihre Finesse und ihr nach langer Faßreife ausgesprochen blumiges Aroma in erster Linie zwei Faktoren: dem aufgrund der Lage zwischen dem Atlantik und dem oberen Charente-Tal gemäßigten Klima sowie dem hohen Kalziumkarbonatgehalt der Böden.

Das zweite Anbaugebiet, die Petite Champagne, wurde 1938 offiziell anerkannt und grenzt in einem ausgedehnten Halbkreis an die Grande Champagne. Die Rebfläche umfaßt über 15 860 Hektar und schließt 60 Gemeinden ein, darunter die Städte Archiac, Barbezieux, Châteauneuf-sur-Charente und Jonzac. Wie auch ihr berühmter Nachbar verfügt die Petite Champagne über stark kreidehaltige Böden und genießt einen ausgezeichneten Ruf. Einen Cognac, der aus einem Verschnitt aus Weinen der Grande und Petite Champagne produziert wird, nennt man »Fine Champagne«, wenn mindestens die Hälfte aus der Grande Champagne stammt.

Das kleinste der sechs Anbaugebiete, die Borderies, erstreckt sich über nur sechs Gemeinden nördlich der Stadt Cognac. 4 072 Hektar sind mit Wein bestockt. Das besondere Klima und die fruchtbaren Böden (obwohl der Kalkgehalt nur halb so hoch ist wie in der Grande Champagne) ermöglichen die Erzeugung von Cognacs mit einem an Veilchen erinnernden Aroma. Das eau-de-vie reift schnell und ist daher für Verschnitte sehr begehrt.

Drei Anbaugebiete bilden die Bois: Fins Bois, Bons Bois und Bois Ordinaires. Diese ursprünglich bewaldeten Gebiete wurden bis 1650 als erste mit Weinreben bestockt, da sie sich im Vergleich mit den Champagnergebieten nicht so gut für den Getreideanbau eigneten.

Die Fins Bois schmiegen sich ringförmig um die Anbaugebiete Grande und Petite Champagne und Borderies. Sie beziehen außerdem eine kleine Fläche um die Stadt Mirambeau ein. Mit einer Rebfläche von 33 660 Hektar ist dies das größte Anbaugebiet. Fast 40 Prozent der für Cognac verwendeten Trauben wachsen hier auf hartem Kalkstein-Untergrund und ergeben abgerundete, geschmeidige Cognacs.

Die Bons Bois umgeben die ersten vier »crus« (Anbaugebiete). Die lehmhaltigen Böden haben einen relativ geringen Kreidegehalt. Der Westen, bei Cozes, Saujon, Talmont und Tonnay-Boutonne, ist durch das Küstenklima geprägt. Auf 12 258 Hektar wird Wein angebaut. Der daraus gewonnene Cognac reift relativ schnell und hat einen eher derben Geschmack.

WEINBERGE IN DER GRANDE CHAMPAGNE

Das sechste Anbaugebiet, die Bois Ordinaires, gelegentlich auch als Bois Communs bezeichnet, liegt am Rand der Cognac-Region und erstreckt sich entlang der Atlantikküste. Die Städte La Rochelle und Rochefort sowie die Inseln Oléron und Ré gehören zu den Bois Ordinaires. Hinzu kommt noch ein winziges Gebiet bei St. Aulaye im Südosten. Mit 1536 Hektar Rebfläche ist es das kleinste Anbaugebiet in der Region. Die Qualität ist minderwertig, und die Bauern bevorzugen die Fischerei oder leben vom Tourismus. Die ausgesprochen sandigen Böden garantieren einen schnell reifenden Cognac, der zum Großteil an Touristen verkauft wird.

Es werden sowohl rote als auch weiße Traubensorten kultiviert, wobei 1996 3797 Hektar für rote Sorten und 82333 Hektar für weiße Sorten im Ertrag standen. Die Produktion teilt sich folgendermaßen auf die Anbaugebiete auf:

ANBAUGEBIET	ROTWEIN HL	WEISSWEIN HL	GESAMT HL
Grande Champagne	4728	1 800 622	1 805 350
Petite Champagne	12 749	2 230 946	2 243 695
Borderies	3059	524 342	527 401
Fins Bois	65 738	4 595 198	4 660 936
Bons Bois	67 792	1 674 166	1 741 958
Bois Ordinaires	39 535	172 253	211 788
TOTAL	193 601	10 997 527	11 191 128

QUELLE: *1996er Ernte (Bureau National Interprofessionnel du Cognac)*

Obwohl die knapp 19 000 Weinbauern der Cognac-Region zahlreiche Rebsorten anbauen, haben sie sich auf Ugni Blanc spezialisiert, die auch unter der Bezeichnung St. Emilion bekannt ist (jedoch nicht zu verwechseln mit dem Ort östlich von Bordeaux). Diese weiße Rebsorte herrscht in Frankreich vor, sie ist jedoch fast nie auf dem Etikett verzeichnet. In der Cognac-Region ist sie mit bis zu 15,5 Hektolitern pro Hektar oft sehr ertragreich. Aus Ugni Blanc, in Italien als Trebbiano bekannt, entsteht ein trockener, stark säurehaltiger Wein, der sich gut für die Destillation sowie für die Herstellung des berühmtesten Aperitifs der Region, Pineau des Charentes, eignet.

UGNI BLANC IST DIE MEISTANGEBAUTE TRAUBENSORTE FÜR COGNAC.

Ugni Blanc-Trauben wurden vermutlich zunächst in Südfrankreich kultiviert. Während die Päpste in Avignon residierten (1307–1377), wurden sie von Clemens V. oder einem seiner Nachfolger aus Italien eingeführt. Sie ersetzten die bis dahin vorherrschende Sorte Folle Blanche, da sie weitaus resistenter gegen Pilzbefall sind.

Folle Blanche-Trauben werden nach wie vor angebaut, und der daraus gewonnene Wein ist eher säuerlich. Ebenfalls verbreitet ist die Sorte Colombard, jedoch hat der daraus hergestellte Wein einen geringen Säure- und höheren Alkoholgehalt – eine aus der Sicht eines Destillateurs weniger gewünschte Kombination.

Sobald Cognac den Namen eines Anbaugebietes trägt – zum Beispiel Borderies – müssen gemäß eines Beschlusses vom Mai 1936 mindestens 90 Prozent des Grundweins aus den drei Traubensorten Ugni Blanc, Folle Blanche und Colombard gekeltert worden sein. Bis zu zehn Prozent dürfen von fünf weiteren Traubensorten stammen: Blanc Ramé (manchmal auch als Meslier St. François bezeichnet und auch im westlichen Loiregebiet angebaut), Jurançon Blanc (wächst in

WEINBERGE BEI CHATEAUNEUF

DIE ERNTE VON HAND IST INZWISCHEN EIN SELTENER ANBLICK.

geringen Mengen auch in Montels in Südfrankreich), Montils (erzeugt einen gut abgerundeten Wein mit dem Aroma exotischer Früchte wie zum Beispiel Ananas), Sémillon (weltweit verbreitet, verschnitten mit Sauvignon entsteht daraus Sauternes) und Sélect.

Erstaunlicherweise veröffentlicht das Bureau National Interprofessionnel du Cognac (BNIC) keine Statistiken über den Anteil der einzelnen Traubensorten. Obwohl auf den meisten Weinbergen Ugni Blanc-Trauben vermutlich etwa 95 Prozent des angebauten Weines ausmachen, halten kleinere Winzer oft am Anbau weniger verbreiteter Sorten fest. Montils ist laut Christian Thomas von dem Gut Château de Beaulon ein alter Armagnac-Wein. Er baut ihn wegen seiner Leichtigkeit und Finesse an. Andere schreiben Folle Blanche-Trauben ein Birnen- und Muskat-Aroma und Colombard-Trauben ein Limonenblüten-Aroma zu. Folle Blanche hat seit dem 19. Jahrhundert erheblich an Bedeutung verloren, da es schwierig ist, sie zu veredeln.

Die Zeiten, in denen Wein wie Johannisbeersträucher angepflanzt wurde, sind vorbei. Die Mechanisierung hat sich in der Cognac-Region durchgesetzt. Früher wurde die gesamte Bevölkerung an der Ernte beteiligt, die offiziell am Michaelistag (29. September) begann. Die Trauben wurden in kleine Holzkübel (»bassiots«) geladen, in geteerte Weidenkörbe umgefüllt und schließlich in großen Fässern auf Ochsenkarren zum Hof transportiert.

Heute werden die Cognac-Weinstöcke höhergezogen (oft bis zu 1,8 Metern) und der Reihenabstand ist größer (3–3,8 Meter). Die meisten Weinberge werden mechanisch abgeerntet und die Trauben in Horizontalpressen oder pneumatischen Pressen verarbeitet. Während der etwa dreiwöchigen Gärung darf weder Säure noch Zucker zugefügt werden. Der produzierte Wein ist eher schwach, wenig ansprechend und hat 8–9 Vol.-% Alkohol – ideal zum Destillieren.

AUFLADEN DER ERNTE BEI RÉMY MARTIN

MECHANISCHE TRAUBENERNTE

Destillation

Cognac wird zweifach in einer Brennblase destilliert – derselbe Gerätetyp findet auch für die Herstellung von Malt Whisky Verwendung. Da die Destillation bis zum 31. März des auf die Ernte folgenden Jahres abgeschlossen sein muß, darf nach der Gärung des Weins keine Zeit vergeudet werden. Der Prozeß dauert Tag und Nacht an, die Destillateure stellen Feldbetten in den Destillierräumen auf und verbringen sogar Weihnachten und Neujahr mit dem in der Entstehung begriffenen Weinbrand.

Drei Gruppen sind an der Destillation beteiligt: Genossenschaftsbrennereien (verantwortlich für 75 Brennblasen mit gut 3100 Hektolitern Fassungsvermögen), »bouilleurs de profession«, die für Winzer und für Händler arbeiten (1126 Brennblasen mit 35 150 Hektolitern Fassungsvermögen) und »bouilleurs de cru«, Winzer, die ihren selbstgewonnenen Wein auch destillieren (1674 Brennblasen mit 34 964 Hektolitern). Fast die Hälfte der Weinbauern in der Region (9600) brennt selbst; die Zahl der professionellen Destillateure beläuft sich demgegenüber auf 200.

Die Brennblase ist aus Kupfer gefertigt. Der nicht filtrierte Wein wird oft noch mit Bodensatz (dem bei der Gärung entstandenen Rückstand) in die kugelförmige Brennblase gegeben und erhitzt, heut-

MARTELLS BRENNEREI IN GALLIENNE GEHÖRT ZU DEN GRÖSSTEN DER REGION.

DAS DESTILLAT LÄUFT DURCH EINEN SCHWANENHALS
IN EIN FASS AB.

zutage in der Regel mit Gas. Nach und nach steigen alkoholische Dämpfe auf und werden in einem zwiebelförmigen Helm aufgefangen. Manchmal wird die Gestalt des Gerätes auch mit einer langgezogenen Birne verglichen, da die Dämpfe vom Helm aus durch ein schwanenhalsförmiges Rohr in die Kühlschlange oder den Konden-

ENTNAHME EINER PROBE DES »BROUILLIS« (ROHBRAND)
AM ENDE DER ERSTEN DESTILLATION

MODERNE BRENNEREI VON RÉMY MARTIN

sator geleitet werden und von dort in ein Faß ablaufen. Die Flüssigkeit ist nach der ersten Destillation leicht trüb und und wird »brouillis« oder Rohbrand genannt. Sie enthält 27–30 Vol.-% Alkohol.

Die Brennblase für die zweite Destillation (»bonne chauffe« genannt) darf ein Fassungsvermögen von 30 Hektolitern haben, legal aber nur mit 25 Hektolitern gefüllt werden. Der Vorgang dauert etwa zwölf Stunden, wobei der Destillateur die leichtflüchtigen, zuerst verdampfenden Elemente (72–80 °C) vom Herzstück bzw. Mittellauf abscheidet. Er muß außerdem das Zusammenlaufen des Weinbrandes verhindern, sobald dieser unter 60 Vol.-% fällt. In der Praxis beenden die meisten Häuser diesen Prozeß jedoch früher, etwa bei 68 °C, um einen trockeneren Stil sicherzustellen.

Die beiden abgetrennten Teile, der Vorlauf und der Nachlauf, werden dem nächsten Brennwein zugegeben (für einen neutraleren Brand) oder mit dem »brouillis« erneut destilliert (für ein fruchtigeres Destillat). Die Kunst des Brennmeisters liegt im Erkennen bzw. Abtrennen des reinsten Herzstücks. Er muß sich dabei auf seine Geschmacksnerven und auf ein Alkoholometer verlassen.

Die langsame Reifung

Der lange Reifungsprozeß des Cognacs ist unter Spirituosen einzigartig. Die anfänglich strengen Töne lassen nach, und durch die langsame Oxydation im Faß entwickelt sich eine mildere Qualität.

Einige Destillateure bauen ihren Weinbrand mit der vollen Alkoholstärke aus und akzeptieren dabei eine hohe Verdunstungsrate (»Anteil der Engel« genannt). Sehr alte Cognacs können sogar mit der im Laufe der Zeit erreichten Stärke auf Flaschen gezogen werden, in der Regel wird der Alkoholgehalt jedoch kurz nach der Destillation durch die Zugabe von destilliertem Wasser oder einer Mischung aus Cognac und Wasser herabgesetzt. Letztere kann in mehreren Schritten zugegeben werden, damit keine zu abrupte Veränderung erfolgt.

LIMOUSINEICHE IST EINE DER BEIDEN FÜR DIE AUSBAUFÄSSER VERWENDETEN HOLZARTEN.

Die Welt des Cognacs

DIE BÖTTCHEREI VON MARTELL

Die Hallen (»Keller« wäre eine falsche Bezeichnung, da die Gebäude ebenerdig sind) für die Lagerung des Cognacs beeinflussen den Reifungsprozeß. Viele liegen in der Nähe der Charente und sind ständig feucht. Trockene Lagerhallen verleihen dem Weinbrand einen strengeren Charakter. Ein geübter Kellermeister überwacht den Reifungsprozeß und bewegt die Fässer zwischen den Gebäuden. Er plaziert sie mal ebenerdig, da die Luft dort feuchter ist, dann wieder in den oberen Reihen, wo die Luft trockener ist. Auf diese Weise fördert er die optimale Ausbildung von Aroma und Geschmack.

Bei der Auswahl des Holzes sind sowohl die Art als auch das Alter entscheidend. Es darf nur Eiche der Arten Quercus Robur und Quercus Petraea verwendet werden, in der Regel heißt dies Limousin- oder Tronçaiseiche von 80–100 Jahre alten Bäumen. Die Faßdauben werden vom Stamm abgespalten, nicht abgesägt. Die Eiche aus dem Limousin, einer Landschaft bei Limoges östlich von Cognac, gibt im Vergleich zur Tronçaiseiche mehr Tannine, aber weniger Lignin ab. Letzteres verleiht dem Cognac ein Vanillearoma. Das Holz aus den Wäldern von Tronçais in Zentralfrankreich hat eine feinere Maserung und setzt seine Tannine schneller frei – es ist daher beliebt für die Lagerung von Cognacs, die für den frühen Verkauf vorgesehen sind.

Die meisten Fässer haben ein Fassungsvermögen von 350 Litern, für den Verschnitt werden jedoch größere Fässer verwendet. Die Dauben lagern vor der Auswahl durch den Böttcher mehrere Jahre im Freien. Einige wenige große Cognac-Häuser unterhalten sogar eigene Böttchereien, wobei besonders die von Renault Bisquit beeindruckend ist.

Zur Egalisierung dürfen drei Zusatzstoffe zugegeben werden: »Boisé« (in Cognac getränkte Eichenholzspäne) beschleunigt den Reifungsprozeß und verleiht Weinbrand, der in großen Fässern ausgebaut wird, ein Holzaroma. Mit Karamel wird die Farbe angepaßt, und Zucker darf bis zu 2 Vol.-% zugegeben werden.

Cognac darf nur eine begrenzte Zeit im Faß lagern, damit er nicht zu viele Holzextrakte aufnimmt. Nach siebenjähriger Verwendung wird ein Faß »barrique rousse« genannt, es bleibt dann dem Ausbau älterer Weinbrände vorbehalten. Im Alter von 10–15 Jahren entwickelt ein Cognac, ähnlich wie lange lagernde Käsesorten, einen volleren, »fetteren« Charakter, der als »Rancio« bezeichnet wird. Durch die Abnahme sowohl des Volumens als auch der Alkoholstärke entstehen ein weicherer Geschmack und eine Konzentration der Aromen. Winzige Zuckermengen (aus der Zellulose des Holzes gewonnen) erreichen meßbare Werte.

Der Höhepunkt der Reife liegt in einem Alter zwischen 40–50 Jahren. Nach Alain Braastad-Delamain, dem Direktor von Delamain, kann der Cognac nach 60 Jahren kaum noch vom Holz profitieren, durch den Kontakt mit der Luft aber einen Qualitätsverlust erleiden. In diesem Alter wird er daher in große, bauchige Korbflaschen umgefüllt.

Die ältesten Cognacs werden in einem dunklen Keller aufbewahrt, oft abseits von den restlichen Lagerbeständen. Diese »Special Reserve« wird auch als »Paradis« bezeichnet. Den großartigsten Rahmen bildet wohl das Château de Cognac, auch als Château des Valois bekannt, in dem der spätere König Franz I. 1494 geboren wurde. Otard lagert hier Bestände des 1820er Jahrgangs, von dem noch drei Korbflaschen existieren.

Die Welt des Cognacs

VOR DER AUSWAHL DURCH DEN BÖTTCHER
LAGERN DIE DAUBEN IM FREIEN.

AUSWAHL VON 32 DAUBEN FÜR
DIE FASS-HERSTELLUNG

DURCH FEUER ERHÄLT DAS FASS EINEN »RAUCHIGEN« CHARAKTER.

Die Welt des Cognacs

EICHENFASS IN DEN KELLERRÄUMEN DES CHÂTEAU DE COGNAC

DER KELLERMEISTER KONTROLLIERT DIE REIFUNG
DES EAU-DE-VIE IM CHÂTEAU DE COGNAC.

DER DUNKLE AUSBAUKELLER IM CHÂTEAU DE COGNAC

Reifung, Verschnitt, Etikettierung

Die Kunst eines Cognac-Verschnittmeisters besteht darin, die Entwicklung des frischen Destillats zu beobachten, die Fässer zum richtigen Zeitpunkt zu wechseln und die optimalen Orte für die Reifung auszuwählen. Da Cognac fast immer ohne Jahrgangskennzeichnung verkauft wird, vermischt der geübte Verschnittexperte Cognacs verschiedener Altersstufen und Lagen, um eine dem Markt angemessene Qualität zu erhalten.

Die größeren Häuser erwerben junges Destillat. Nur wenige besitzen eigene Weinberge, wenn auch häufig einflußreiche Kontroll- oder Familienmitglieder Rebflächen im Ertrag haben. Winzer pflegen jahrelange Beziehungen mit den einzelnen Häusern und liefern, so wie oft schon ihre Väter und Großväter, das Rohdestillat. Aber trotz dieser regelmäßigen Lieferungen können die Cognac-Häuser ihren zukünftigen Bedarf oft nicht im voraus planen. Sie kaufen daher reifere Lagerbestände und verwenden ihre Reserven sowohl zum Abrunden eines stilvollen Cognacs als auch für ihre Spitzenmarken.

Cognac darf erst ab einem Mindestalter von zweieinhalb Jahren, berechnet ab dem 1. Oktober des Erntejahres der Trauben, verkauft werden. Dies ist keine Durchschnittsangabe, sondern das Mindestalter des jüngsten Cognacs im Verschnitt. Die führenden Häuser verwenden in der Regel beträchtlich ältere Lagerbestände.

Der Erwerb von »early-landed«-Beständen war bis vor kurzem die einzige Möglichkeit, einen mit einem bestimmten Jahrgang gekenn-

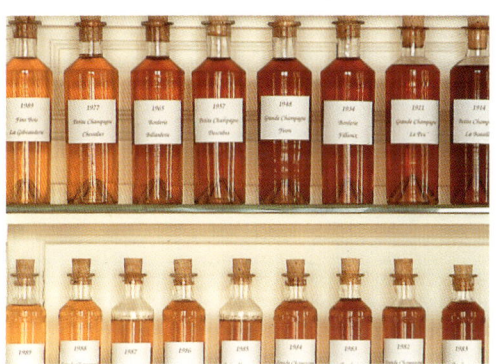

REFERENZPROBEN ALTER LAGERBESTÄNDE

DEUTUNG EINES ETIKETTS

Die Kennzeichnungen auf dem Etikett sind wie folgt definiert:

- VS oder Drei Sterne (★★★) bezeichnen einen Verschnitt, dessen jüngster Cognac mindestens 2,5 Jahre alt ist.
- VSOP (für Very Superior Old Pale), VO (Very Old) und Réserve bürgen für mindestens 4,5 Jahre Lagerzeit.
- Napoléon, XO, Extra und Hors d'Age bürgen für mindestens 6 Jahre Lagerzeit.
- Fine Champagne ist ein Verschnitt aus den Anbaugebieten Grande Champagne und Petite Champagne, der zu mindestens 50 Prozent Grande Champagne enthält.

zeichneten Cognac zu finden. Darunter versteht man sehr früh aus Frankreich verschifften jungen Cognac, der dann in England reift. Die Häuser Delamain und Hine sind für diesen Cognac bekannt. Es ist dabei entscheidend, daß der Cognac unter guten Bedingungen gelagert und zum richtigen Zeitpunkt auf Flaschen gezogen wird. Wie jede andere Spirituose auch entwickelt sich Cognac nach dem Abfüllen in Flaschen nicht mehr weiter.

VERSCHNITTMEISTER VON HENNESSY

BLAUE GLÄSER VERBERGEN FARBE UND TRUB.

Im Jahr 1988 genehmigte das Bureau National Interprofessionel du Cognac (BNIC) eine neue Methode, das Alter auf dem Etikett anzugeben. Einzelne Jahrgänge dürfen nun abseits von den restlichen Beständen gut verschlossen gelagert werden. Der Zugang ist nur mit einem offiziellen Begleiter gestattet, der auch den zweiten Schlüssel aufbewahrt. Nur auf diese Weise kontrollierter Cognac darf mit Jahrgangsbezeichnung angeboten werden.

Cognacgläser

Die Wahl des richtigen Glases ist wichtig. Cognac sollte in einem Glas serviert werden, das gut in der Hand liegt. Ideal ist ein dünnwandiges Kristallglas. Zu tiefe oder übermäßig schmale Gläser sollten gemieden werden, und auch bauchige Schwenker sind ungeeignet, da sie das elegante Aroma des Weinbrands zu heftig freisetzen und so zu einer »Lähmung« des Geruchssinnes führen.

Das Glas sollte so groß sein, daß es – zu einem Drittel oder Viertel gefüllt – eine angemessene Menge Cognac aufnimmt. Es sollte sich nach oben hin leicht verschmälern und so die Aromen einfangen und zur Nase führen. Die dünne Beschaffenheit des Glases ist entscheidend, damit das feine Aroma durch die Wärme der Hand freigesetzt werden kann.

Das Glas sollte langsam in der Hand gedreht werden. Der feine Duft bleibt sogar noch einige Stunden nach der Leerung des Glases erhalten.

COGNAC-GLÄSER: DIE TULPENFORM IST BESSER GEEIGNET ALS BAUCHIGE SCHWENKER.

Cognacgläser sollten nicht über einer Flamme oder über heißem Wasser erwärmt werden, die natürliche Wärme der Hand reicht aus.

Man reinigt sie am besten unter klarem, warmem Wasser, und zwar ohne Spülmittel, da dieses das Aroma beeinträchtigen kann. Das Glas sollte vor dem Kosten mit einem Tropfen des gleichen Cognacs ausgeschwenkt werden. Professionelle Verschnittexperten verwenden gelegentlich dunkelblau gefärbte Gläser, damit sie sich nicht von der Farbe des Cognacs oder etwaigem Trub beeinflussen lassen.

Die Farbe eines Cognacs ist kein zuverlässiger Hinweis auf sein Alter, da der Zusatz von Karamel als Farbstoff in festgelegten Mengen erlaubt ist. Dies ist sicherlich sinnvoll, um die Farbbeständigkeit zu garantieren, kann aber dazu mißbraucht werden, einen jungen Cognac wesentlich älter erscheinen zu lassen.

Verkosten von Cognac

Als erstes wird das äußere Erscheinungsbild begutachtet: Stimmt die Farbtiefe mit der Qualitätsbezeichnung überein, oder suggeriert eine intensive Farbe (zum Beispiel eher gelbbraun als strohfarben) ein höheres Alter, ist aber auf die Zugabe von Karamel zurückzuführen?

Zur Beurteilung des Duftes wird das Glas in leichtem Abstand gehalten und dann nach und nach näher an die Nase herangeführt. Auf die richtige Temperatur erwärmt, verströmt ein guter Cognac eine angenehme, unmittelbare Frische und ein ausgeglichenes Aroma. In Fässern ausgebaute Cognacs verfügen über komplexe, würzige Aromen mit Holz- und Vanille-Charakteristiken. Ältere Cognacs zeichnen sich durch die begehrte Rancio-Note aus.

Es empfiehlt sich, zum Kosten nur einen kleinen Schluck mit etwas Luft in den Mund zu ziehen, dies ermöglicht einen anhaltenden Genuß ohne zu hohen Alkoholkonsum. Den Cognac mit geschlossenen Lippen kauen, so daß er sich »fächerförmig« im Mund ausbreiten kann. Versuchen Sie, die Lippen zu schürzen und Luft einzusaugen, um den Cognac dann im hinteren Mundbereich zu schmecken, wo sich die sensiblen Geschmacksknospen befinden. Der Geschmack sollte den hinte-

ERWÄRMEN DES WEINBRANDS VOR DEM KOSTEN

Die Welt des Cognacs

ALS ERSTES WIRD DAS ERSCHEINUNGSBILD BEGUTACHTET.

YANN FILLOUX, KELLERMEISTER VON HENNESSY, URTEILT MIT DER NASE.

ren Gaumenbereich ausfüllen. Je feiner und länger der Geschmack erhalten bleibt, um so besser ist der Abgang. Ein unausgeglichener oder zu junger Cognac erscheint feurig, ihm fehlen die durch lange Reifung entwickelten weichen Töne und die Komplexität.

Im Gegensatz zu Wein verbessert sich Cognac in der Flasche nicht mehr. Cognacflaschen sollten stehend aufbewahrt werden, damit der Weinbrand keine Korkspuren aufnimmt. Sehr alte Cognacs sind kälteempfindlich und können trüb werden. Am besten bewahrt man sie bei Zimmertemperatur und abseits von Lichtquellen auf. Eine entkorkte Cognacflasche sollte nicht länger geöffnet bleiben, als zum Füllen der Gläser erforderlich ist, da der Cognac sonst verdunstet.

Das komplexe Aroma des Cognacs kann viele Gerichte verfeinern. Bei der Zubereitung einer Mayonnaise kann Cognac beispielsweise Zitronensaft oder Essig ersetzen. Besonders gut paßt er zu Saucen, die zu Geflügelgerichten gereicht werden. Cognac veredelt auch Desserts wie eine leichte Mousse oder einen frischen Obstsalat.

COCKTAILS MIT COGNAC

Das konzentrierte Trauben- und Eichenaroma des Cognacs sowie sein reifer und üppiger Geschmack eignen sich gut für Cocktails. Zu empfehlen sind VS oder VSOP-Cognacs:

- Als Longdrink mit Wasser (»Fine à l'eau« genannt)
- Vermischt mit Soda
- Horse's Neck: Cognac gemixt mit Ginger Ale und einem Spritzer Angostura Bitter, garniert mit einer spiralförmig geschnittenen Zitronenschale. Wählen Sie einen trockneren Cognac, wenn Sie amerikanisches Ale verwenden.
- Vermischt mit Tonic – auch wenn einige Leute meinen, daß das Chinin im Tonic nicht mit Cognac harmoniert
- Cognac Sour: Cognac vermischt mit frischem Zitronensaft und Zuckersirup
- Side Car: 4 cl Cognac mit 2 cl Cointreau und 1–2 cl Zitronensaft, geschüttelt, abgeseiht und mit einer Zitronenschale serviert
- Ein Drittel Cognac und zwei Drittel frischer Orangensaft über drei große Eiswürfel gegossen, mit Orangenscheiben garniert

Die Welt des Cognacs

Regionale Küche

Ein regionales Gericht beginnt mit Pineau des Charentes, einem gefälligen, mittelsüßen Aperitif, der auch für bestimmte Speisen verwendet wird. Pineau ist frischer Traubensaft (entweder weiß oder rosé), dem junger Cognac beigesetzt wurde, um die Gärung zu stoppen. Diese Mischung wird ein Jahr in Eichenfässern ausgebaut und mit einem Alkoholgehalt von 16–22 Vol.-% verkauft. Die Bezeichnung »Pineau« ist seit Oktober 1945 geschützt. Er ähnelt dem in der Region Champagne hergestellten »Ratafia«, schmeckt aber frischer.

Meeresfrüchte sind in der Cognac-Region sehr beliebt. Muscheln, zum Beispiel Venus- oder Jakobsmuscheln, sind im Überfluß vorhanden. »Lavagnons Charentais« (Venusmuscheln ähnelnde Schalentiere) werden mit gehackten Zwiebeln gekocht, zu denen abgeseihtes Wasser von den separat gekochten »Lavagnons« gegeben wird. Etwas Butter und Petersilie zufügen, abschmecken und heiß servieren.

NORMANDIN-MERCIER PINEAU DES CHARENTES.

Muscheleintopf (»Mouclade«) wird mit Sahne, Pineau des Charentes und Schalotten zubereitet. »Chaudrée« ist die regionale Entsprechung der Bouillabaisse, benannt nach dem großen Kessel, in dem der Eintopf gekocht wird. Die Basis ist oft Tintenfisch; Aal, Seezunge und weitere Fischarten ergänzen das Gericht.

Weinbergschnecken (»Cagouilles«), die sich auf den Anbauflächen der Cognacweine ernähren, können mit Knoblauch und Kräutern in Blätterteig serviert oder auch zusammen mit Wein, Schalotten und Knoblauch in Eintöpfen (»Lumas«) verarbeitet werden.

MUSCHELN UND AUSTERN SIND BELIEBT UND
IN MARENNES ÜBERALL IM ANGEBOT.

CHARENTAIS-MELONEN SIND HOCHGESCHÄTZT.

Charantais-Melonen (oft mit einem großzügigen Schuß Pineau des Charentes im Inneren serviert) und »Grillons Charentais« (eine fetthaltige Gans- oder Schweineterrine) eignen sich gut als Vorspeise.

Neben Pilzen gehören weiße Gartenbohnen (»mojette«) zu den erwähnenswerten Gemüsesorten der Region. Sie werden in einem Eintopf mit Lamm, Karotten und Zwiebeln serviert.

Viele Gerichte werden mit Geflügel gekocht. Die Hühnerrasse Poule de Marans soll eine Kreuzung zwischen einer einheimischen Art und einer Zucht aus dem Fernen Osten sein. Sie ist reich an Fett und hat feines, weißes Fleisch. Das bekannteste Wildgericht, »Nid de Cailles au Pineau«, sind in Pineau de Charentes gekochte Wachteln mit Schinken und Muskatellertrauben.

Häufig wird mit Charantais-Butter gekocht – sie soll die beste Butter in ganz Frankreich sein, sogar hochwertiger als die aus der Normandie. Ihr Geschmack ist leicht nußartig.

Zu den ungewöhnlicheren Gerichten aus der Cognac-Region zählt die »Sauce de pire«, die zu Weihnachten serviert wird. Sie besteht aus gekochtem Schweineblut sowie einer dickflüssigen Sauce und wird mit Bratkartoffeln serviert.

ZIEGENKÄSE IST EINE REGIONALE DELIKATESSE, EBENSO
»MOTTIN CHARENTAIS« UND »LA PIGOUILLE«.

Sowohl das Rindfleisch aus dem Limousin als auch »Pré Salé«-Lamm (vom Weideland der Küste) sind qualitativ sehr hochwertig. Und auch Käse gehört zu den regionalen Delikatessen: »Mottin Charentais« wird aus Kuhmilch gewonnen. La »Pigouille« wird ebenfalls aus Kuhmilch hergestellt, hat einen Fettgehalt von mindestens 50 Prozent und reift in Eichenblättern. »Le Petit Semussec« ist ein cremeweißer, runder, weicher Ziegenkäse aus dem Städtchen Semussec, das zwischen Cozes und Royan liegt.

Die Menschen in der Cognac-Region schätzen Desserts. »Galette Charentaise« ist ein flacher Kuchen aus Mehl, Backpulver, Eiern, Zucker, Butter, Salz und Vanillearoma. Sie wird gewöhnlich mit Zitrone und Angelika gewürzt, ähnelt aber nicht wie Galettes in anderen Regionen einer Crêpe, sondern eher einer Mischung aus Biskuit und Mürbeteiggebäck. »Caillebotte« ist ein käseartiger Joghurt, ungebackenem Käsekuchen ähnlich, der mit Cognac übergossen und gelegentlich mit Schnittlauch serviert wird.

Cognac-Eis (»Parfait au Cognac«) und die Weincreme »Sabaillon« sind insbesondere im Sommer köstlich.

Nicht zuletzt ist die Region auch für ein ungewöhnliches Brot bekannt, das »Torteau« heißt. Es ist flach und oval und wird in der Mitte mehrmals eingeschnitten, so daß ein Gittermuster entsteht.

DIE REGION IST FÜR IHRE
KÖSTLICHEN DESSERTS
BERÜHMT, Z. B. FÜR
»CAILLEBOTTE«.

Touristische Attraktionen

Zahlreiche Sehenswürdigkeiten und Freizeitmöglichkeiten erwarten den Besucher der Cognac-Region – von den Sandstränden bei Royan über Segeltouren zwischen den Inseln bis hin zu historischen Städten und romanischen Kirchen. Viele Cognac-Häuser öffnen ihre Tore für Besucher und halten spezielle Angebote bereit. Auch Sportmöglichkeiten wie Kanufahren, Radfahren, Angeln, Reiten sowie Golf, Squash und Tennis sind vorhanden.

Die Stadt Cognac eignet sich gut als Ausgangspunkt für eine Rundreise. Sie wurde bereits im 9. Jahrhundert erwähnt und erhielt im Mittelalter eine Befestigungsanlage. Während des Hundertjährigen Krieges zwischen 1339–1453 stand Cognac wechselweise unter englischer und französischer Vorherrschaft. Unter dem Patronat der Familie Valois-Angoulême entwickelte es sich zu einem wohlhabenden Wirtschaftszentrum. Mehrere bedeutende Persönlichkeiten wurden in Cognac geboren, so auch der spätere König Franz I.

REITERSTATUE DES FRANZÖSISCHEN KÖNIGS FRANZ I.

In Cognac sind mehrere berühmte Cognac-Häuser ansässig. Die Flaschenfabrik in St. Gobain ist mit einer täglichen Produktion von zwei Millionen Flaschen die größte der Welt. An den schmalen Straßen, die sich vom Ufer der Charente emporwinden, liegen viele alte Gebäude.

Sehenswürdigkeiten in Cognac

- Das Château des Valois, dessen Grundmauern aus dem 13. Jahrhundert stammen. Sehenswert ist vor allem die »Salle des Gardes«.
- Die romanische Kirche St. Léger mit ihrer schönen gotischen Fensterrosette.
- Das Musée municipal (48 Bd Denfert Rochereau) stellt neben regionalen Keramiken, archäologischen Funden (zu denen auch ein neolithisches Kanu gehört) und Skulpturen auch eine interessante Sammlung zur Geschichte des Cognacs aus.
- Die berühmten Cognac-Häuser: Camus, Hennessy, Martell und – etwa 4,8 km vom Zentrum entfernt – Rémy Martin.

Jedes Jahr finden in der Stadt mehrere Festivals statt: Kriminalfilme (April), Jazz (August) und europäische Literatur (November).

DAS CHÂTEAU DE COGNAC AM UFER DER CHARENTE

Jarnac, am Ufer der Charente gelegen, ist eine verschlafene Stadt östlich von Cognac. Der ehemalige Präsident Mitterrand wurde hier geboren, und Courvoisier, Delamain und Hine lassen hier ihre Lagerbestände reifen.

DIE CHARENTE BEI JARNAC

In Segonzac im Herzen der Grande Champagne befindet sich eine beschädigte romanische Kirche mit einem Turm aus dem 12. Jahrhundert und einem Altarraum aus dem 15. Jahrhundert.

Angoulême ist ein bedeutendes Zentrum östlich von Cognac, wo sich die Nationalstraßen N 10 und N 141 kreuzen.

SEHENSWÜRDIGKEITEN IN ANGOULÊME

- Das Musée des Beaux-Arts ist im ehemaligen Bischofspalast untergebracht. Es beherbergt die bedeutendste Sammlung afrikanischer Kunst in der Provinz, daneben Waffen aus der Zeit zwischen dem 16. und 18. Jahrhundert, Keramiken (u. a. von Sazerac, Fleurat, Jucaud) und neoklassizistische Gemälde.
- Die prachtvolle Fassade der romanischen Kathedrale St. Pierre (1102–1136) zeigt Szenen der Himmelfahrt Christi und des Jüngsten Gerichts.
- Die 1888 von Edouard Warin gebauten Markthallen (Les Halles), von wo aus man einen Blick auf die Altstadt hat
- Wo heute das Rathaus steht, befand sich einst eine mächtige Burg. Erhalten sind zwei Türme, ein Bergfried aus dem 13. Jahrhundert und ein Rundturm aus dem 15. Jahrhundert. Im Innern ist vor allem das große Treppenhaus sehenswert.
- Die Kapelle der Franziskanerinnen (Rue de Beaulieu). Sie beherbergt das Grab des Schriftstellers Jean Louis Guez de Balzac, der 1597 in Angoulême geboren wurde.
- Das Centre National de la bande dessinée et de l'image ist das einzige Comic-Museum in Frankreich und ist schon allein wegen seiner Architektur sehenswert.
- Das Papiermuseum in der ehemaligen Papierfabrik Bardou-Le Nil erläutert die industrielle Herstellung von Papier.

Der 755 Meter über dem Fluß liegende Festungswall bietet eine herrliche Aussicht. Bei einer Bootstour auf der Charente kann man eine traditionelle Papierfabrik, eine Brennerei, eine Lagerhalle für Cognac und eine Schokoladenfabrik entdecken.

Saintes ist ein entzückendes Städtchen. Für etwa ein Jahrhundert war es die Hauptstadt Aquitaniens.

ARC DE GERMANICUS IN SAINTES

Sehenswürdigkeiten in Saintes

- Arc de Germanicus, ein im 1. Jahrhundert erbauter Triumphbogen, der einer Brücke über die Charente vorgelagert war.
- Das gallo-römische Amphitheater und die Überreste römischer Thermen gewähren einen Blick über die Altstadt.
- Die 1096 geweihte Kirche St. Eutrope wurde von Benediktinermönchen erbaut und war wichtige Station für Pilger auf dem Weg nach Santiago de Compostela in Spanien. Besonders sehenswert sind die Kapitelle und die Krypta.
- Die Kathedrale St.-Pierre im gotischen Stil hat einen unvollendeten, 72 Meter hohen Glockenturm. Der Kirchenschatz wird jeden Sommer im Domkapitel ausgestellt.
- Das 1864 gegründete Musée du Présidial (Rue Victor Hugo) zeigt Werke flämischer und holländischer Künstler (Coignet, Floris Schooten) sowie französischer Künstler aus dem 17. und 18. Jahrhundert (Rigaud, Allegrain).
- Das Musée Dupuy-Mestreau (Rue Monconseil) ist typisch für die Architektur des 18. Jahrhunderts. Es beherbergt die private Sammlung Abel Mestreaus (1855–1939), u. a. Kostüme, Kopfschmuck, Waffen und eine bäuerliche Wohnküche.
- Das Musée de l'Echevinage (Rue Alsace-Lorraine) ist im ehemaligen Rathaus untergebracht. Ausgestellt sind Kunstwerke des 19. und 20. Jahrhunderts, darunter Genremalerei.
- Eine außergewöhnliche Münzsammlung aus Sèvres

Jonzac liegt südlich von Cognac an der Grenze zwischen den Anbaugebieten Petite Champagne und Fins Bois. Die auf einem Felsvorsprung über dem Fluß Seugne erbaute Hugenottenstadt hat unterirdische Thermalquellen. Sehenswert sind vor allem das Schloßtor aus dem 15. Jahrhundert, das Kloster aus dem 16. Jahrhundert, das archäologische Museum und das in der Nähe gelegene Château de Meux.

La Rochelle ist für seinen alten Hafen und seine drei eindrucksvollen Türme berühmt. Die Stadt hat einen stilvollen Hafen mit Märkten am Kai. Sie wurde nach der Heirat Eleonores von Aquitanien mit Heinrich II. an die Engländer abgetreten, während des Hundertjährigen Krieges aber wieder zurückerobert. Sehenswert ist außerdem das reichverzierte Rathaus. Gut einen Kilometer südlich der Stadt gibt es einen Yachthafen (Port des Minimes) und ein weltweit bekanntes Aquarium mit einem Haifischbecken.

In La Rochelle finden verschiedene Festivals statt, u. a. das internationale Filmfestival im Sommer und das Musikfestival Les Francofolies Mitte Juli. Die benachbarte Insel Ré wurde erst 1988 durch eine Brücke mit dem Festland verbunden. Sehenswert ist auch das ruhige St. Marie mit winzigen Sträßchen, in denen die Zeit stehengeblieben zu sein scheint, das Naturschutzgebiet mit zahlreichen Vogelarten und der Tierpark in St. Clément.

Die Insel Oléron besitzt herrliche Austernbänke, ein Austernmuseum in Le Château sowie eine romanische Kirche in St. Georges. In Le Grand-Village kann der Besucher ein Gehöft und ein Museum mit traditionellen Kostümen besichtigen.

DER YACHTHAFEN VON LA ROCHELLE

Die Hafenstadt Rochefort liegt auf halbem Weg zwischen Saintes und La Rochelle oberhalb der Charente-Mündung. Sie ist für ihre Thermalquellen bekannt.

SEHENSWÜRDIGKEITEN IN ROCHEFORT

- Die im 17. Jahrhundert erbaute königliche Seilfabrik beherbergt Ausstellungen über den Schiffsbau und das Segeln.
- Die Rekonstruktion der französischen Fregatte ›Hermione‹, die während der amerikanischen Revolution eingesetzt wurde.
- Das Museum im Hôtel Cheusses zeigt Modelschiffe aus dem 17. und 18. Jahrhundert.
- Das Musée d'Art et d'Histoire stellt afrikanische, asiatische und ozeanische Sammlungen aus.
- Rekonstruktion des städtischen Lebens im Métiers de Mercure

In Aulnay in den Bons Bois nördlich von Cognac ist vor allem die Kirche St. Pierre sehenswert. Sie ist ein Meisterwerk der romanischen Baukunst. Die Skulpturen an der Fassade stellen die Kreuzigung des heiligen Petrus, die Kreuzigung Christi, die Tierkreis- und Monatszeichen sowie die klugen und die törichten Jungfrauen dar.

DIE KIRCHE ST. PIERRE IN AULNAY

DIE KIRCHE STE. RADEGONDE IN TALMONT (12. JAHRHUNDERT)

Pons liegt südwestlich von Cognac im Anbaugebiet Fins Bois. Von den Befestigungsmauern aus hat man einen wunderschönen Ausblick auf die Seugne, die in die Charente mündet. Sehenswert sind sowohl die Kirche St. Vivien als auch das Pilgerhospiz. Im Norden liegt das bezaubernde Château de la Roche-Courbon, zuweilen auch »Dornröschenschloß« genannt. Im Innern sind der Saal mit Holzmalereien, Räume im Louis-treize-Stil, ein Salon aus dem 18. Jahrhundert sowie ein Festsaal sehenswert.

St. Jean d'Angély liegt nordwestlich von Cognac an der Pilgerstraße nach Santiago de Compostela. Die Türme der ehemaligen Abtei, die Fontaine de Pilori, der Uhrturm sowie schöne Häuser mit Holzfassaden aus dem 15. und 16. Jahrhundert machen heute den Charme des Ortes aus. Das Stadtmuseum zeigt archäologische Ausstellungen und Memorabilia aus den frühen Tagen Citroëns. Nicht weit entfernt liegt das Château von Beaufief und Fenioux mit seiner prächtigen romanischen Kirche.

In Surgères, nördlich von Saintes, sind ein hübsches Schloß, eine Kirche (Notre Dame) aus dem 12. Jahrhundert mit achteckigem Glockenturm und Fassadenskulpturen sowie das Rathaus aus dem 17. Jahrhundert zu besichtigen.

Talmont, ein Städtchen mit 75 000 Einwohnern, liegt südöstlich von Royan. Es gehörte einst zu einer römischen Stadt, die aufgrund von Küstenerosionen im Meer versank. Die Kirche Ste. Radegonde steht nun auf flachen Klippen genau an der Mündung der Gironde. Die ehemalige Dorfschule beherbergt heute ein kleines Museum. Jeden Sommer besuchen 200 000 Touristen Talmont.

Teil II

Das Cognac-Verzeichnis

A. E. AUDRY	Léopold GOURMEL
Jean BALLUET	GOURSAT-GOURRY de Chadeville
Paul BEAU	GUERBÉ
Château de BEAULON	A. HARDY
BERTRAND et Fils	JAS. HENNESSY
BONNIN	Thomas HINE
CAMUS	Edgard LEYRAT
CCG BRUGEROLLE MEUKOW	Guy LHÉRAUD
CHABASSE	J & F MARTELL
Dominique CHAINIER et Fils	Jean-Paul MAURIN
COURVOISIER	MÉNARD et Fils
CROIZET	MENUET
A. de LUZE	J. Y. & F. MOINE
GASTON de LAGRANGE	Château MONTIFAUD
L. de SALIGNAC	MOYET
DEAU	J. NORMANDIN-MERCIER
DELAMAIN	OTARD
DOMPIERRE	J. PAINTURAUD
A. E. DOR	Château PAULET
DUBOIGALANT	André PETIT et Fils
A. E. DUPUY	PLANAT
EXSHAW	PRUNIER
Jean Luc FERRAND	RAGNAUD-SABOURIN
Pierre FERRAND	Raymond RAGNAUD
Jean FILLIOUX	RÉMY MARTIN
Alain FOUGERAT	RENAULT BISQUIT
P. FRAPIN	Louis ROYER
GABRIEL et ANDREU	M. TIFFON
GAUTIER	TRIJOL
Paul GIRAUD	UNICOOP MOUNIER
GODET FRÈRES	PRINCE HUBERT DE POLIGNAC

A. E. AUDRY

La Fief Gallet, Pessines, 17450 Thénac
Tel.: (0033–5) 46 92 65 38
Besuche nach Vereinbarung

A. E. Audry wurde 1878 vom Ur-Ur-Großvater des heutigen Besitzers gegründet. Seit den Anfängen hat sich die Firma auf sehr alte Cognacs spezialisiert. Vor 40 Jahren, also nach dem Tod von Aristide Boisson, der 1905 Odette Audry geheiratet hatte, stellte das Unternehmen den Verkauf ein, behielt aber einige alte Lagerbestände. Bernard Boisson, der Enkel Aristide Boissons und heutiger Besitzer, belebte das Unternehmen 1976 neu. Vier verschiedene Cognacs sind heute erhältlich, die vorwiegend auf alten Reserven basieren sowie in geringerem Umfang auch auf hinzugekauftem Cognac aus der Grande und Petite Champagne und den Fins Bois.

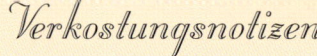

Audry Réserve Spéciale Fine Champagne
(einzeln in Holzkisten verpackt)

Bernsteinfarben; feiner, weicher, fruchtiger Duft; elegant weicher, fruchtiger Geschmack; vielschichtig; mittlere Länge. **Sehr gut**

Audry Mémorial Fine Champagne (42 Vol.-% Alkohol)
(einzeln in Holzkisten verpackt)

Bernsteinfarben; feine Erscheinung, angenehmer Fruchtduft, Aprikosen; stilvoller Geschmack; gute Frucht; langanhaltend; feuriger Abgang.
Sehr gut bis außergewöhnlich

AUDRY RÉSERVE SPÉCIALE FINE CHAMPAGNE

Der Audry Réserve Spéciale Fine Champagne ist ein Verschnitt aus Weinen, die zu gleichen Teilen aus den Anbaugebieten Grande und Petite Champagne stammen (Weinlese von 1972 oder folgende Jahrgänge). Er wurde 1989 nach der Reifung in neuer Limousineiche verschnitten. Nach Herstellerangaben verfügt er über ein leichtes Zimt- und Vanillearoma, und das Holz ist »zurückhaltend und harmonisch eingebunden«.

SORTIMENT

NAPOLÉON FINE CHAMPAGNE

RÉSERVE SPÉCIALE FINE CHAMPAGNE

MÉMORIAL FINE CHAMPAGNE

LOT CINQ MILLE GRANDE CHAMPAGNE

Audrys Mémorial Fine Champagne wird mit einem Alkoholgehalt von 42 Vol.-% verkauft und besteht aus Grande Champagne (38% 23–30 Jahre und 20% über 35 Jahre alt) sowie zu 33% aus Petite Champagne (25–30 Jahre alt) und wurde mit alten Reservebeständen verfeinert (5% mindestens 45 Jahre alter Grande Champagne und 2% mindestens 60 Jahre sowie 2% mindestens 50 Jahre alter Petite Champagne). Der Verschnitt wird drei Jahre vor dem Abfüllen in einem 100-Liter-Holzfaß vorgenommen, der endgültige Ausbau erfolgt in 350-Liter-Fässern, die zuvor den ältesten Cognac enthielten. Der voll ausgereifte Verschnitt kam 1984 in den Handel.

Napoléon Fine Champagne besteht aus Grande Champagne (25% über 20 Jahre und 20% über acht Jahre) und Petite Champagne (je 20% über acht beziehungsweise 15 Jahre) sowie kleineren Mengen älterer Lagerbestände: 10% über 25 Jahre alter Petite Champagne und 5% über 30 Jahre alter Grande Champagne.

Unter dem Namen »Lot Cinq Mille« bietet Audry auch einen Verschnitt aus 40–50 Jahre alten Grande Champagne-Cognacs an.

Jährlich werden 15 000–20 000 Flaschen an Restaurants und Fachhandlungen verkauft. Audry-Cognacs sind auch in den USA, Japan, Australien, Österreich und Deutschland erhältlich.

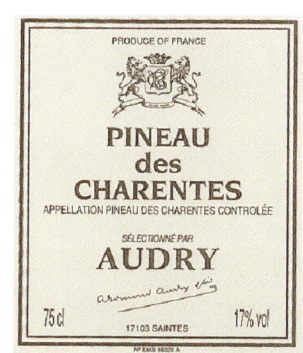

Jean BALLUET

Le Bourg, 1 rue des Ardillères,
17490 Neuvicq-le-Château
Tel.: (0033–5) 46 26 64 74

Besucher: 8.00–12.00 und 14.00–17.00 Uhr (außer zwischen dem
10. und 30. September und vor der Ernte im Oktober). Herrliche Aussicht
vom Dorfturm in Richtung Cognac und auf die umliegende Landschaft.

Der Weinberg der Balluets liegt in den Fins Bois (zwischen Matha und Rouillac, südlich der N 139). Angebaut wird hauptsächlich Ugni Blanc und nur in geringem Umfang Colombard und Folle Blanche. Die Balluets gehören zu den alteingesessenen Familien im Dorf; sie destillieren seit 1845. Die alte Brennblase aus jener Zeit ist zwar erhalten, wird aber nicht mehr genutzt.

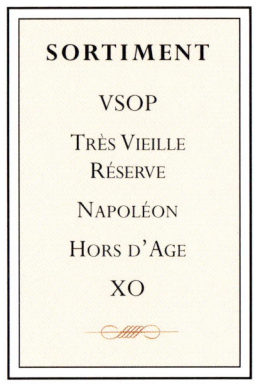

SORTIMENT

VSOP

Très Vieille
Réserve

Napoléon

Hors d'Age

XO

BALLUET VSOP

Balluet kauft weder Trauben noch Wein hinzu. Die jährliche Weinproduktion von etwa 6000 Hektolitern wird überwiegend destilliert, und zu einem kleinen Teil wird daraus auch Pineau des Charentes produziert. Verkauft werden etwa 7000 Flaschen VSOP, 4000 Flaschen Très Vieille Réserve und 1500 Flaschen Napoléon, Hors d'Age und XO.

Balluet kauft jedes Jahr neue Eichenfässer, zum Beispiel von Seguin Moreau. Der Cognac reift jeweils zur Hälfte in Limousin- und Tronçaiseiche. Die wichtigsten Absatzmärkte sind Frankreich, Deutschland und England.

Verkostungsnotizen

VSOP
Feine, helle Zitronenfarbe; fruchtiger, alkoholischer Duft; Pflaumengeschmack; gefällige Frucht; ziemlich feuriger Abgang; mittlere Länge. **Passabel**

BALLUET TRÈS VIEILLE RÉSERVE
Heller gelbbraunfarbener Kern mit langem Rand in heller Ockerfarbe; stilvoller, zarter Frucht- und Walnußduft ohne strenge Töne; weicher Fruchtgeschmack, leicht holziger Charakter, mittlere Länge, ausgeglichen. **Gut bis sehr gut**

BALLUET TRÈS VIEILLE RÉSERVE

Paul BEAU

Rue Millardet, 16130 Segonzac
Tel.: (0033–5) 45 83 40 18
Besuche nach Vereinbarung

Das Unternehmen wurde von Pauls Vater Ende des 19. Jahrhunderts gegründet. Nach dessen Tod noch vor dem Ersten Weltkrieg trat Paul mit seiner Frau Denise, die aus einer etablierten Winzerfamilie stammt, die Nachfolge an. Paul Beau konzentrierte sich in erster Linie auf den Reifungsprozeß der Cognacbestände. Seit 1977 ist sein Cognac unter dem Namen »Paul Beau« erhältlich. Der 20–25 Jahre gereifte Hors d'Age wird mit 43 Vol.-% Alkohol verkauft, wohingegen der 12–15 Jahre alte Vieille Réserve mit 40 Vol.-% Alkohol in den Handel kommt und nach Herstellerangaben über die charakteristischen Premier-Cru-Qualitäten eines Cognacs verfügt. Ein über 40 Jahre alter Borderies Extra-Vieilles ist in numerierten Flaschen mit 44 Vol.-% Alkohol erhältlich.

SORTIMENT

Borderies Extra-Vieilles

Hors d'Age Vieille Grande Champagne

Vieille Réserve Grande Champagne

Verkostungsnotiz

Hors d'Age Vieille Grande Champagne

Mittlere gelbbraune Farbe im Kern; Pfirsich- und Fruchtduft; wahrer Stil am Gaumen, fruchtig, mild, mit Länge. **Sehr gut**

VIEILLE GRANDE CHAMPAGNE

Château de BEAULON

B.P. 1, 17240 Saint-Dizant-du-Gua
Tel.: (0033–5) 46 49 96 13
Besucher: 9.00–12.00 und 14.00–18.00 Uhr;
Mai bis September täglich; Oktober bis Mai montags bis freitags

Das Château de Beaulon liegt südwestlich von Jonzac in einem schmalen Gebiet der Fins Bois, abseits der N 730 zwischen Mirambeau und Royan. Das Gebäude wurde 1480 gegen Ende der Herrschaft Ludwigs XI. von den aristokratischen Familien De Vinsons und De Beaulons errichtet. 1672 erbte der Erzbischof von Frankreich das Anwesen und stellte es den Bischöfen von Bordeaux als Sommersitz zur Verfügung.

Nach dem Rückkauf des Schlosses durch Louis-Amable de Bigot wurde 1712 auf dem Anwesen erstmals Cognac destilliert. Nachfolgende Familiengenerationen – Bremond d'Ars, La Porte und Savignac des Roches – führten die Tradition fort. Sie wird bis heute vom derzeitigen Besitzer Christian Thomas mit Leidenschaft aufrechterhalten.

Doch Thomas bewahrt nicht nur alte Traditionen, sondern gibt biologischen Anbaumethoden den Vorzug vor modernen chemischen Verfahren.

Der Weinberg erstreckt sich über 89 Hektar, davon werden auf fast 63 Hektar Trauben für die Cognacproduktion angebaut, auf dem restlichen Gebiet Weine für Pineau des Charentes. Auf den sehr kreidehaltigen Böden wachsen vier Cognac-Rebsorten: fast 25 Hektar Colombard, 16 Hektar Folle Blanche, 15 Hektar Ugni Blanc und sieben Hektar Montils. Thomas bezeichnet Montils als Armagnac-Wein, der dem Cognac einen leichteren, feineren Stil verleiht.

CHÂTEAU DE BEAULON COGNAC RARE

Thomas ist davon überzeugt, daß die Verwendung verschiedener Traubensorten seinem Cognac eine größere Komplexität verleiht und verläßt sich daher nicht ausschließlich auf die relativ ertragreiche Ugni Blanc.

Er verwendet gerne Fischdünger aus La Rochelle und vermeidet chemische Ersatzstoffe, Pestizide und synthetische Unkrautvernichtungsmittel. 17 Landarbeiter bringen eine Ernte von rund 46 Hektolitern pro Hektar ein, doch der in der Region übliche Ertrag liegt bei 54 Hektolitern pro Hektar. 28 Hektoliter pro Hektar ist die Menge, die normalerweise für Cognac verwendet werden kann (sie kann gelegentlich aber auch darüberliegen, wie etwa 1995 mit 36 Hektolitern pro Hektar).

Die Cognac-Trauben werden – mit Ausnahme der von Hand gelesenen ältesten Weinstöcke – mechanisch abgeerntet. Dies unterscheidet sie von den Pineau-Weinstöcken, deren Lese von Hand erfolgt (Sémillon, Cabernet Sauvignon, Merlot, Sauvignon Blanc und Cabernet Franc). Der Alkoholgehalt nach der Gärung ist mit etwa 10 Vol.-% im Vergleich zum regionalen Durchschnitt von 8,5 Vol.-% hoch.

MINIATURVERSIONEN DES VSOP UND XO

Beaulon verwendet nur eigene Trauben und kauft auch keinen Wein hinzu. Die Destillation beginnt nach der zweiten bzw. malolaktischen Gärung. Die vier Brennblasen haben ein Fassungsvermögen von 15 bzw. 23 Hektolitern. Die Traubensorten werden getrennt gebrannt und erst als Destillate verschnitten. Thomas destilliert mit Bodensatz und erhitzt den Wein in einem »chauffe-vin«. Die erste Destillation dauert 11 Stunden, die zweite mindestens 14.

In den ersten sechs bis sieben Monaten wird nur neue Limousineiche verwendet. Die Fässer haben ein Fassungsvermögen zwischen 2,7 und 4 Hektolitern. Anschließend wird der Weinbrand in ältere Holzfässer umgefüllt; die Alkoholstärke wird in diesem Stadium noch nicht reduziert. Nach drei Jahren vermindert Thomas den Alkoholgehalt seiner VS- und VSOP-Cognacs mit einer Mischung aus Cognac und Wasser von 24 Vol-% auf 58–60 Vol.-%. Durch den Verschnitt von Beaulon-Cognacs aus verschiedenen Jahrgängen erreicht Thomas eine vollkommene Harmonie. Im Jahr 1996 reichten die Lagerbestände in Flaschen bis zum Jahrgang 1907 und im Holzfaß bis zum Jahrgang 1959 zurück. Thomas zieht es vor, den verkaufsfertigen Cognac nicht aus einem Jahrgang herzustellen, da dies »zu einfach wäre – wie beim Armagnac«. Traditionelle Arbeitsmethoden, alte Weinstöcke und kleine Brennblasen tragen zweifellos dazu bei, daß auf diesem Besitz ein stilvoller Cognac produziert wird.

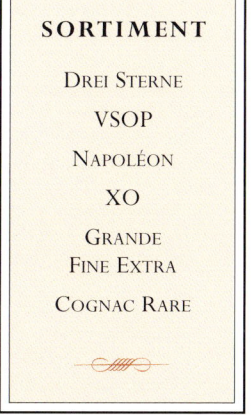

SORTIMENT

DREI STERNE

VSOP

NAPOLÉON

XO

GRANDE FINE EXTRA

COGNAC RARE

Château de Beaulon ist preisgekrönt und gewann auf vier Pariser Messen Goldmedaillen (1972, 1973, 1975 und 1976). 1991 erhielt das Haus die Citadelle d'Or-Trophäe auf der Vinexpo und 1994 ein Ehrendiplom bei der World Wine Competition in Brüssel. Beaulon ist in Belgien und Dänemark königlicher Hoflieferant und versorgt darüber hinaus viele Botschaften. Die Erzeugnisse sind in führenden Restaurants und in Geschäften wie Harrods in London und Fauchon in Paris erhältlich.

Neben Cognac erzeugt Beaulon auch preisgekrönten Pineau des Charentes, der im Alter von fünf und zehn Jahren verkauft wird. Besonders köstlich schmecken sie leicht gekühlt, in Melonen gegossen, zu leichten Desserts sowie zu Käsesorten. Der Pineau schmeckt fruchtig-süß und und weist im Abgang eine mittlere Länge auf.

SÜDSEITE DES CHÂTEAU DE BEAULON (15. JAHRHUNDERT)

Verkostungsnotizen

CHÂTEAU DE BEAULON NAPOLÉON
(NUMERIERTE FLASCHEN)

Dunkle, bernsteinfarbene Erscheinung; feiner, blumiger, fruchtiger Duft, stilvoll; Walnußgeschmack am Gaumen, elegante Frucht, vielschichtig, passable Säure; gute Länge, ausgeglichen.
Sehr gut

GRANDE FINE EXTRA
(NUMERIERTE FLASCHEN)

Ockerfarben mit breitem hellen Rand; feiner, blumiger Fruchtduft ohne strenge Töne; leichter, weicher, vielschichtiger Geschmack, mild, sehr stilvoll.
Sehr gut

BERTRAND et Fils

DOMAINE DES BRISSONS DE LAAGE, RÉAUX,
17500 JONZAC
TEL.: (0033–5) 46 48 09 03
Besuche täglich möglich

Die Domaine des Brissons de Laage aus dem Jahr 1731 liegt bei Réaux, nordöstlich von Jonzac, in der Petite Champagne. Die Familie Bertrand besitzt über 70 Hektar Anbaufläche mit ausschließlich Ugni Blanc-Weinstöcken. Aus den gut 10 000 Hektolitern Wein werden jedes Jahr gut 500 Hektoliter reiner Alkohol destilliert.

Auf dem Gelände gibt es zwei Brennblasen mit einem Fassungsvermögen von jeweils 25 Hektolitern. Der Cognac reift in Limousin- und Tronçaiseichenfässern.

BERTRAND VSOP PETITE FINE CHAMPAGNE

Das Cognac-Verzeichnis

Im Lager befindet sich ein Bestand von etwa 1015 Hektolitern Cognac und gut 3000 Hektolitern Pineau de Charentes (weiß und rosé). Bertrands Auszeichnungen schließen den Grand Prix de Foire 1905 in Liège sowie 1907 in Bordeaux ein. 1985 sicherte sich das Unternehmen die Auszeichnung Lauréat de la Cuvée zur Feier des 50. Geburtstags der Appellation contrôlée, der abgegrenzten Cognac-Region.

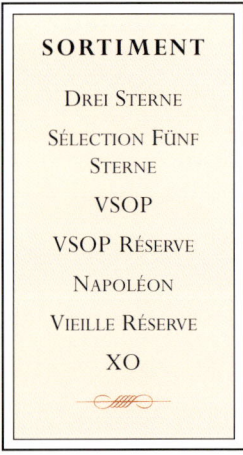

BERTRAND VSOP

Verkostungsnotizen

BERTRAND VSOP

Gelbbrauner Kern mit ausgeprägtem, strohfarbenem Rand; gehaltvoller Duft herbstlicher Früchte; geschmeidiger, fruchtiger Geschmack, kurze Länge, feuriger Abgang. **Passabel bis gut**

BERTRAND VSOP PETITE FINE CHAMPAGNE
(EINE WINDMÜHLE ZIERT DAS SIEGEL)

Gelbbrauner Kern mit dunklem, goldfarbenem Rand; wärmender, gefälliger, fruchtiger Duft, etwas Zimt; passable Frucht, ziemlich gehaltvoller Geschmack, Walnüsse, aber feurige Schärfe. **Gut**

BONNIN

Le Logis de la Montagne, 16300 Challignac
Tel.: (0033–5) 45 78 52 71
Besucher: montags bis samstags, 9.00–18.00 Uhr

Die Bonnins sind seit vier Generationen Winzer und bauen auf rund 40 Hektar in den Fins Bois Trauben für Cognac und Pineau des Charentes an. Sie produzieren jährlich gut 4000 Hektoliter Wein.

Bonnin gewann auf der Vinexpo 1993 die Goldmedaille und 1995 die Silbermedaille. Der VS ist vier Jahre alt, der VSOP zehn Jahre, der Napoléon 15 Jahre und der XO 20 Jahre. Zu Bonnin gehören die Marken Logis de la Montagne, Vicomte de Castelbajac, Domaine de Fontanger und Valcoeur.

Verkostungsnotiz

L. de la Montagne Réserve VSOP

(Silbermedaille 1995 bei der Vinexpo)

Mittlere Ockerfarbe; eleganter, weicher Fruchtduft; süßlicher Geschmack, alkoholischer Abgang, passable Länge. **Gut bis sehr gut**

DE LA MONTAGNE RÉSERVE

SORTIMENT

Drei Sterne

VS

VSOP

Napoléon

XO

CAMUS

> La Grande Marque, 29 rue Marguerite
> de Navarre, B.P. 19, 16101 Cognac
> Tel.: (0033-5) 45 32 28 28
> Besucher: montags bis freitags 10.00–12.00, 14.30–16.30 Uhr (Mai-Oktober)

Jean Baptiste Camus gründete das Unternehmen 1863. Mit 280 Angestellten ist es heute das größte unabhängige Cognac-Haus in Familienbesitz. Es wird in der fünften Generation von Jean-Paul Camus geleitet. 94 % der Produktion werden in über 140 Länder exportiert.

Die eigenen Weinstöcke liefern mit 18 055 Hektolitern nur etwa 8 % des Weinbedarfs. Die 150 Hektar Land befinden sich in der Nähe des Château d'Uffaut nahe bei Cognac in der Grande Champagne (20 Hektar werden noch von Hand gelesen) und auf drei Besitztümern im Anbaugebiet Borderies, zu denen auch das Château du Plessis, der Wohnsitz der Camus, gehört. Etwa 102 200 Hektoliter Wein – 95 % Ugni Blanc und der Rest Folle Blanche – werden hinzugekauft und in vier Brennereien in der

JEAN-BAPTISTE CAMUS

CAMUS GRAND VSOP

Grande Champagne, den Borderies, Fins Bois und Bons Bois destilliert. Camus bevorzugt die Destillation mit Bodensatz für die Grande und Petite Champagne und ohne Bodensatz für die Borderies.

Die Reifung der Destillate erfolgt sowohl in Allier- als auch Tronçaiseiche, auch in jüngerem Holz. In der Brennerei La Nerolle kann Camus 70028 Hektoliter lagern.

Das Tochterunternehmen, die Compagnie des Grandes Eaux-de-Vie de France (CGEVF) bietet vier Cognac-Verschnitte an: Chabanneau, Planat, Staub und Guillot. Es vermarktet auch zwei Pineau des Charentes (Plessis und St. Michel) sowie Calvados und andere Weinbrände. Es ist in Cherves Richemont in der Logis de Brissac-l'Épine ansässig.

SORTIMENT

VS DE LUXE
GRAND VSOP
VSOP DE LUXE
NAPOLÉON VIEILLE RÉSERVE
XO SUPÉRIEUR
EXTRA
CUVÉE SPÉCIALE
JOSÉPHINE
RÉSERVE SPÉCIALE
EXTRAORDINAIRE

JOSÉPHINE POUR FEMME

Das Cognac-Verzeichnis

CHÂTEAU DU PLESSIS, WOHNSITZ DER FAMILIE CAMUS

DIE BRENNEREI LA NEROLLE (GRANDE CHAMPAGNE)

LAGERKELLER IN DER BRENNEREI LA NEROLLE

Jährlich verkauft Camus etwa sechs Millionen Flaschen, davon entfallen 20% auf Drei Sterne-Cognacs, 52% auf VSOP und 28% auf Napoléon, XO und Extra. Das Unternehmen hat eine bedeutende Stellung im Duty-free-Handel und unterhält gute Geschäftsbeziehungen in Asien, den USA, der Ukraine, Australien, Malaysia und der Russischen Föderation.

Camus gewann Goldmedaillen auf der Wine and Alcohol Fair 1968, Igeho Spirit Competition 1981, der Mercury International Award Competition 1975 und auf der International Wine and Spirit Competition in England 1984, 1987 und 1989.

Verkostungsnotizen

JOSÉPHINE POUR FEMME

Erscheinung von mittlerer Tiefe; weicher, feiner Mandel- / Vanilleduft; mild, elegant, Aprikosengeschmack, nußartig, sehr gute Länge. **Sehr gut**

GRAND VSOP

Ziemlich tiefe Farbe; feiner, stilvoller Duft; weicher, süßfruchtiger Geschmack mit passabler Länge. **Gut**

VSOP DE LUXE

Mittlere Tiefe; Veilchenduft, recht ansprechend; honigartiger Fruchtgeschmack, aber feurige Schärfe im Abgang, mittlere Länge. **Gut**

NAPOLÉON VIEILLE RÉSERVE

Mittlere gelbbraune Farbe; fruchtiger Duft, Pflaumen; am Gaumen weiche Frucht, gute Länge, leicht strenger Abgang. **Gut bis sehr gut**

NAPOLÉON EXTRA OLD

Mittlere gelbbraune Farbe, Haselnüsse; weicher Geschmack mit Vanillearoma der Eiche, geschmeidig, mittlere Länge. **Sehr gut**

XO SUPÉRIEUR

Mittlere gelbbraune Farbe, gute Frucht, Duft erinnert etwas an Mandeln, am Gaumen ziemlich stilvolle Frucht, mittlere Länge. Insgesamt leicht. **Gut**

CAMUS XO SUPÉRIEUR

CCG

B.P. 10, 16101 Cognac
Tel.: (0033–5) 45 82 32 10

Die 1978 von Michel Coste gegründete Compagnie Commerciale de Guyenne (CCG) ist eine unabhängige Firma in Familienbesitz, die 120 Mitarbeiter beschäftigt. Durch die Übernahme mehrerer kleiner und mittelgroßer Firmen wie Bastier-Chagnaud, Brugerolle, Courant, Favraud, Foucauld, Meukow, Réau Richard und Rouyer-Guillet erfolgte der Einstieg in das Cognac-Geschäft. Die Firma Brugerolle füllt Rouyer-Guillet, Meukow und eigene Marken sowie verschiedene Zweitetiketten ab und agiert von ihrer modernen Fabrik in Matha (rund 25 Kilometer von Cognac entfernt) aus auch als Markenhändler. Die Abfüllkapazität beträgt 4500 Flaschen in der Stunde. CCG handelt ferner mit Armagnac, anderen Weinbränden, Gin, Wodka und Scotch Whisky.

1847 gründete Jean Brugerolle mit seinem Neffen Etienne die Firma Oncle et Neveu Brugerolle – Négociants en vins et Patrons in Matha im Herzen der Fins Bois. Nach 1880 wurde sie von Etienne und seinen beiden Kindern, Henri und Léopold, geleitet. Léopold gelang es, die Verkaufszahlen der Firma deutlich zu verbessern, und das auch durch Verkäufe in andere europäische Länder und in die USA.

1912 erwarb Léopold Brugerolle das Château de Bardon in der Nähe von Matha. Es war früher das Kloster des Dorfes Thors, wurde dann aber vermutlich während der Französischen Revolution zerstört. Das heutige Gebäude wurde im frühen 19. Jahrhundert gebaut, ein Graben aus dem 15. Jahrhundert und ein Taubenschlag aus dem 17. Jahrhundert sind jedoch noch erhalten. Auf den Rebflächen wird Wein für Pineau des Charentes angebaut.

Léopold Brugerolles Urenkel Claude ist heute sowohl Vizepräsident von CCG International als auch Direktor von Brugerolle Cognac. Er leitet den Besitz von seinem Wohnsitz, dem Château de Bardon, aus. Brugerolle ist für seinen XO bekannt, ein Verschnitt von Cognacs aus der Grande und Petite Champagne.

Die alte, etablierte Marke Meukow wurde 1978 von CCG aufgekauft. Meukow war früher in Leningrad und Moskau sehr bekannt und wird heute vor allem in Skandinavien und im Fernen Osten vertrieben.

Unter dem Etikett Feline wurde für Meukow ein neues Sortiment von hochwertigen Cognacs in den Handel gebracht: ein VSOP und ein XO.

CCG kauft jährlich gut 2000 Hektoliter Wein und destilliert ihn in Saintes. Die Reifung erfolgt sowohl in Limousin- als auch Tronçaiseichenfässern mit bis zu 6,5 Hektolitern Fassungsvermögen. Der Ausbau dauert zehn Jahre oder länger.

SORTIMENT

BRUGEROLLE XO
FINE CHAMPAGNE

MEUKOW VSOP
SUPÉRIEUR

MEUKOW XO

BRUGEROLLE
XO FINE
CHAMPAGNE

Verkostungsnotizen

Brugerolle XO Fine Champagne
(in einer eleganten Karaffe)

Dunkle gelbbraune Farbe; Mandeln, weicher, angenehmer Fruchtduft; reizvoller Fruchtgeschmack, milder Stil und geschmeidig. **Sehr gut**

Meukow VSOP Supérieur
(in einer eleganten ovalen Flasche mit Geparden-Verzierung)

Mittlere gelbbraune Farbe; ziemlich alkoholisch, angenehmer Fruchtduft mit Kokos; am Gaumen feurige Frucht, ziemlich gehaltvoll, mittlere Länge. **Gut**

Meukow XO
(Die elegante ovale Flasche ist mit einem goldfarbenen Geparden verziert)

Leuchtender Kern in mittlerem Gelbbraun mit breitem, hellzitronenfarbenem Rand; nußartig, Holz-/Vanilletöne und Zimtduft; angenehme, einladende Frucht, am Gaumen weicher Stil, vielschichtig, gute Länge. **Sehr gut bis außergewöhnlich**

MEUKOW XO

CHABASSE

47 rue Élysée-Loustalot, B.P. 10,
17400 St. Jean d'Angély
Tel.: (0033–5) 46 32 11 48
Besuche nach Vereinbarung

Das Unternehmen Chabasse wurde im Jahr 1818 von Jean-Baptiste Chabasse – geboren 1787 in Saint Jean d'Angély (nördlich von Cognac im Anbaugebiet Fins Bois) – gegründet. Heute setzt René-Luc Chabasse die Familientradition des Cognac-Verschneidens in dem Herrenhaus aus dem 17. Jahrhundert im Herzen der Stadt fort.

Der verarbeitete Wein stammt je zur Hälfte aus den Anbaugebieten Petite Champagne und Fins Bois. Er wird als Destillat eingekauft, da das Unternehmen keine Brennblasen besitzt. Der Ausbau erfolgt ausschließlich in Limousineiche, die aus der Böttcherei Vicard kommt.

BOWEN XO

Die wichtigsten Absatzmärkte sind Asien (Japan, Südkorea, Hongkong, Taiwan, China) und Europa (Spanien, Belgien, Luxemburg, die Niederlande und Deutschland). Der XO Impérial gewann bei der IFEC 1994 eine Auszeichnung für seine Verpackung.

Zu Chabasse gehört außerdem die Marke Bowen, die nach Elisabeth Bowen benannt ist. Louis-Olivier Chabasse, René-Luc Chabasses Großvater, lernte sie auf einer seiner Werbereisen für den Cognac seiner Familie kennen und stellte einen besonders aromatischen Cognac für sie her. Bowens Trauben stammen zu je einem Drittel aus der Petite Champagne, den Fins Bois und den Borderies.

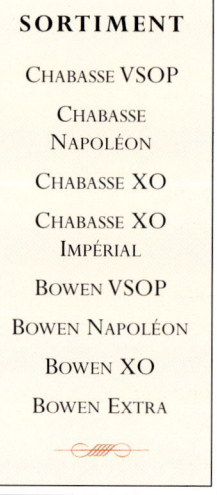

SORTIMENT

CHABASSE VSOP

CHABASSE NAPOLÉON

CHABASSE XO

CHABASSE XO IMPÉRIAL

BOWEN VSOP

BOWEN NAPOLÉON

BOWEN XO

BOWEN EXTRA

30 % der Verkäufe entfallen auf den VSOP. Ihm werden die Kraft der fruchtigen Fins Bois und die blumigen Aromen der Petite Champagne zugeschrieben. Der Napoléon (20 % des Absatzes) weist nach René-Luc Chabasse durch die Limousinfässer Vanilletöne auf, mit »Aromen

CHABASSE XO IMPÉRIAL

von gekochten Früchten, Pflaumen und Birnen, versetzt mit einem sehr angenehmen und diskreten Anflug von Portwein.«

Der Chabasse XO ist in stilvolle, ovale Flaschen abgefüllt. Auf ihn entfällt die Hälfte des Absatzes. Chabasse beschreibt ihn lyrisch: »Die Charakteristiken eines Jahrgangs-Portweins verschmelzen zu etwas runderen Aromen von Trockenfrüchten und Hasel- oder Walnüssen; blumige Noten von Schwertlilie und Hyazinthe verleihen diesem harmonischen Verschnitt Frische.«

Der XO Impérial wird 50 Jahre ausgebaut, wodurch sich nach Chabasse die Aromen von Zigarrenkisten, getrockneten Blättern und welken Rosen sowie ein Hauch von Haselnuß und Walnuß entwickeln. Im Geschmack nimmt er die Noten Zimt, Safran und Ingwer wahr.

Bowens Sortiment beginnt mit einem VSOP, einem Verschnitt aus den Borderies, Fins Bois und der Petite Champagne. Der Napoléon wird von Chabasse als »runder und harmonischer Cognac« beschrieben, »mit den feinen Aromen wilder Veilchen und Jasmin – typisch für die Borderies; seine feine Mahagonifarbe ist dunkler und sanfter«.

Der XO im Sortiment wird mit Bodensatz destilliert. Der Bowen-Extra gewann 1995 den IFEC-Verpackungspreis. Sein Aroma scheint an

Cashewnüsse zu erinnern und den Geschmack eingelegter Zitrusfrüchte und die Rancho-Qualität der Charente aufzuweisen.

Verkostungsnotizen

BOWEN XO

Gelbbraunfarbener Kern mit ockerfarbener Randerscheinung; sehr weicher Duft, blumig; Geschmack von Mandarinen mit Walnußtönen, leicht strenge Schärfe, mittlere Länge.
Passabel bis gut

DOMINIQUE CHAINIER et Fils

LA BARDE FAGNOUSE, 17520 ARTHENAC
TEL.: (0033–5) 46 49 12 85
Besuche nach Vereinbarung

Arthenac liegt südwestlich von Archiac in der Petite Champagne, abseits der N 699. Dominique und sein Sohn Jean Charles übernahmen die Weinberge von George und Guy Chainier. Die Weinstöcke liegen in zwei Anbaugebieten: 16,5 Hektar bei Ligères Sonneville in der Grande Champagne (ausschließlich Ugni Blanc) und 18,3 Hektar bei Arthenac in der Petite Champagne (Ugni Blanc und 1,5 Hektar Colombard). Bei Arthenac besitzt die Familie weitere 1,5 Hektar, auf denen Merlot und Cabernet für Pineau des Charentes (weiß, rosé und reifer Pineau) angebaut werden.

Chainier kauft weder Wein noch Destillat hinzu und verarbeitet erst seit fünf Jahren Colombard-Trauben. Schwefeldioxyd findet keine Verwendung, und der gegärte Traubenmost wird nicht gezuckert. Der Wein hat mindestens 8 Vol.-% Alkohol. Das daraus gewonnene Destillat reift in durchschnittlich sieben Jahre

VSOP PETITE CHAMPAGNE

Das Cognac-Verzeichnis

SORTIMENT

Carte Blanche

VS

VSOP

Vieille Réserve

Très Vieille Réserve

Réserve du Chaigne

alten Limousinfässern, neue Fässer werden jedes Jahr ergänzt. Die entsprechende Böttcherei M. Allary ist in Archiac ansässig.

Das Destillat reift zunächst mit der vollen Alkoholstärke von 70 Vol.-% und wird im Alter von zwei bis fünf Jahren auf Trinkstärke herabgesetzt. Die jährliche Produktion von 10 000 Flaschen wird in Deutschland, Dänemark, Belgien und Frankreich verkauft.

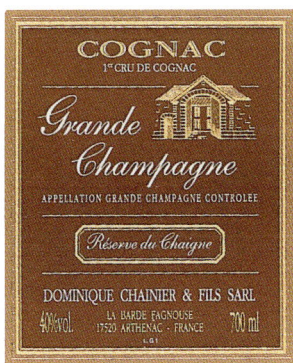

Verkostungsnotizen

VSOP Petite Champagne

Sehr helle Erscheinung, zarter Kokos- und Vanilleduft; weiche Frucht mit Aprikosen, am Gaumen mittlere Länge. **Gut**

Grande Champagne Réserve du Chaigne

Ockerfarben, sehr stilvoller Duft mit weichen, fruchtigen Tönen; am Gaumen elegante Frucht, langer Abgang. **Sehr gut**

GRANDE CHAMPAGNE RÉSERVE DU CHAIGNE

COURVOISIER

2 place du Château, 16200 Jarnac
Tel.: (0033–5) 45 35 55 55
Besucher: Gratis-Führungen vom 1. Oktober bis 31. Mai, 9.30–11.00 Uhr
und vom 1. Juni bis 30. September, 9.30–17.00 Uhr

*E*mmanuel Courvoisier lernte im frühen 19. Jahrhundert in Paris den erfolgreichen Wein- und Spirituosenhändler Louis Gallois kennen. Sie wurden Geschäftspartner und belieferten den kaiserlichen Hof. Napoleon besuchte 1811 ihre Lagerhalle in Bercy, und Courvoisier-Cognac wurde auf den Napoleon-Feldzügen getrunken. Er wurde auch auf dem Schiff HMS ›Northumberland‹ konsumiert, das Napoleon in sein Exil nach St. Helena brachte. Seither ist er als »Napoleons Weinbrand« bekannt, und Napoleons Silhouette ziert alle Etiketten aus dem Hause Courvoisiers.

Die Söhne der Firmengründer legten 1835 ihre Unternehmen zusammen und errichteten ihren Hauptsitz in Jarnac. Bis 1869 waren sie offizieller Hoflieferant von Napoleon III. Im Jahr 1909 kauften Guy und George Simon die Firma auf. Im Zuge innovativen Marketings wurde 1960 die Mattglasflasche eingeführt. Im Jahr 1964 wurde Courvoisier von der Gesellschaft Hiram Walker aufgekauft, 1994 von Pedro Domecq und 1987 von Allied-Lyons übernommen. Heute beschäftigt das Unternehmen etwa 300 Mitarbeiter.

Courvoisier gehört inzwischen zu den führenden Häusern in der

COURVOISIER VSOP

COURVOISIERS HAUPTSITZ IN CHÂTEAUNEUF NAHE JARNAC

Cognac-Region und nimmt mit 1,1 Millionen Flaschen einen Marktanteil von 13 % ein. Courvoisier wird in 160 Ländern verkauft, hauptsächlich in den USA, Großbritannien, Japan, Hongkong, Italien, Frankreich sowie in Duty-free-Geschäften. Die Marke ist auf 46 Märkten führend oder gehört zu den führenden Marken.

Das Unternehmen besitzt keine Weinberge, hat aber Drei-Jahres-Verträge mit 1200 Weinbauern, die Wein, Rohdestillat und gelegentlich auch ausgebauten Cognac liefern. Auf diese Weise hat die Firma knapp 10 000 Hektar unter Vertrag, die in den vier besten Anbaugebieten (Grande und Petite Champagne, Borderies und Fins Bois) liegen. Zu 98 % steht Ugni Blanc im Ertrag.

Courvoisier besitzt zwei Brennereien in Châteauneuf nahe Jarnac. Zusätzlich unterhält das Haus Verträge mit neun »bouilleurs de profession« und kauft bei 200 »bouilleurs de cru« ein. Dem VS und VSOP fügt Courvoisier weniger als 1 % Karamel zur Farbanpassung bei. Eine Erhitzung in einem »chauffe-vin« erfolgt nicht. Ob mit oder ohne Bodensatz destilliert wird, hängt vom Jahrgang ab, eine Ausnahme bilden nur die früh reifenden Destillate aus den Fins Bois. »Boisé« wird nicht zugesetzt, da Courvoisier einen leichteren Stil bevorzugt und

> **SORTIMENT**
>
> VS/Drei Sterne
> (4–8 Jahre alt)
>
> VSOP
> (8–12 Jahre alt)
>
> VVSOP Exclusif
> (für den asiatischen Markt)
>
> FCN Exclusif Fine Champagne
>
> Napoléon
> (15–20 Jahre alt)
>
> XO Impérial
> (Verschnitt mit bis zu 35 Jahre alten Cognacs)
>
> Initiale Extra
> (über 50 Jahre alt)
>
> Collection Erté
> (Pro Design nur 12 000 Karaffen im Handel)

neues Holz eine natürliche Farbe verleiht. Das Holz für den Ausbau stammt überwiegend aus den Wäldern Zentralfrankreichs, da dieses eine feinere Maserung hat. Die Eichenbäume werden vom Verschnittmeister persönlich ausgesucht und vor der Verwendung drei Jahre lang natürlich getrocknet. Das junge Destillat bleibt je nach angestrebter Qualität 6–24 Monate in neuen Fässern, danach reift der Cognac in älteren Fässern weiter.

Der Cognac lagert drei Monate mit der vollen Alkoholstärke von 70 Vol.-%, die dann auf 60 Vol.-% reduziert wird. Für den als VS vorgesehenen Cognac wird nach einem Jahr weiter auf 55 Vol.-% reduziert, bei den anderen Qualitäten findet fünf oder sieben Jahre keine weitere Reduktion statt. Kurz vor dem Abfüllen kann Rohrzucker in Sirupform zugegeben werden. Das Sortiment kommt mit 40 Vol.-% Alkohol in den Handel.

Das Unternehmen ist vielfach mit Preisen ausgezeichnet worden, unter anderem mit dem Prestige de la France (1983), dem Preis für den weltweit besten XO (International Wine & Spirit Competition 1986) und der Cyril Ray Trophy 1994 für den XO Impérial als feinsten Cognac.

Zu Courvoisier gehört auch das Haus Salignac, das sich hauptsächlich auf den nordamerikanischen Markt spezialisiert hat. Außerdem besitzt das Unternehmen eine Fabrik, die aus lokalem Wein einen Vin de

Pays Charentais herstellt. Dieser wird für den englischen Markt in Flaschen abgefüllt und als Basis für Schaumwein in Fässern nach Deutschland exportiert.

Courvoisier betreibt ein an der Charente gelegenes Museum, wo unter anderem Gegenstände aus dem Besitz Napoleons ausgestellt werden. Besucher können aber auch die verschiedenen Arbeitsgänge von der Weinkultivierung über die Destillation, die Herstellung der Fässer bis hin zum Verschnitt verfolgen. Die älteste Flasche der Reserve, des »Paradis«, stammt aus dem Jahr 1789; weitere alte Bestände sind in Korbflaschen ausgestellt.

Der französische Art-Deco-Künstler Erté wurde 1988 von Courvoisier mit dem Entwurf von Flaschendesigns beauftragt. Seine Gestaltung der Flasche für den 1892er Grande Champagne mit der Bezeichnung »Vigne« ist, genauso wie die sechs nachfolgenden Entwürfe, auf 12 000 Flaschen limitiert. Auf der Rückseite der Flasche symbolisiert ein goldenes Weinblatt die gute Qualität der für diesen seltenen Verschnitt verwendeten Trauben. Erté genießt volle Freiheit, sowohl was die Gestaltung der Flasche als auch die Ausarbeitung ihrer Dekoration anbetrifft. An jeder Flasche arbeitet er etwa einen Monat, unter anderem mit Siebdruckverfahren und vier aufeinanderfolgenden Ofenbränden. Von Hand trägt er 24-karätiges Gold auf. Mit künstlerischen Mitteln setzt er Themenbereiche wie Wein, Ernte, Destillation, Ausbau, Verkostung und »Anteil der Engel« um. Eine Flasche ziert sogar das Portrait einer nackten Frau (»Inedit«) – diese Ausgabe ist allerdings auf 4000 Exemplare limitiert.

EINE PRACHTVOLLE FLASCHE AUS DER »COLLECTION ERTÉ«, BENANNT NACH DEM FRANZÖSISCHEN KÜNSTLER, DER DAS DESIGN ENTWARF

Das Cognac-Verzeichnis

COURVOISIER
VS/DREI
STERNE

Verkostungsnotizen

VS/Drei Sterne
(in einer charakteristischen Joséphine-Flasche, 1950 eingeführt)

Hauptsächlich Fins Bois, abgemildert mit Petite Champagne; warm, relativ schwere Frucht. **Passabel**

VSOP Fine Champagne
(Mattglasflasche)

Warme, angenehme Frucht; eleganter als der VS. **Passabel bis gut**

Napeoléon Fine Champagne
(Mattglasflasche)

Rauchige Frucht, an Zigarrenkisten erinnernd, wärmende Frucht. **Gut**

XO Impérial

Wesentlich feiner, stilvoller; elegante Frucht mit einem Hauch Zigarrenkiste. Grande und Petite Champagne verleihen Tiefe und Eleganz, wohingegen 25 Jahre alter Borderies Aromen von Zimt und Fenchel beisteuert. **Sehr gut**

Initiale Extra

Elegant und fein, enthält Grande Champagne und alten Borderies (mindestens 50 Jahre alt); Anflug von Veilchen und Gewürzen. **Sehr gut**

Collection Erté
(limitiert und in numerierten Designs von Erté)

Grande Champagne; rauchige Frucht; gehaltvoller als der Initiale; enthält etwas Cognac von 1892. **Sehr gut**

COURVOISIER XO IMPÉRIAL

CROIZET

B.P. 3, 16720 St. Même-les-Carrières
Tel.: (0033–5) 45 81 90 11
Besuche nach Vereinbarung

Die Familie Croizet war im 17. Jahrhundert berühmt für die zahlreichen Weinberge in der Grande Champagne, die sich in ihrem Besitz befanden. Im Jahr 1805 gründete Léon Croizet das Unternehmen in St.-Même-les-Carrières (zwischen Jarnac und Châteauneuf-sur-Charente). Ihm wurde zweimal die Medaille der Ehrenlegion verliehen – für seine Forschungen im Kampf gegen die Reblaus Phylloxera und für die Veredelung auf amerikanische Wurzelstöcke.

Croizet hat mehrere Besitztümer in der Grande Champagne: Domaine de Flaville (36 Hektar), Maine Androux (18 Hektar), Domaine des Couronnes de Douvesse (36 Hektar) und das Château de l'Épine (60 Hektar). Die Domaine de Flaville war einst das Jagdgut des Herzogs von Montmorency Bouteville, der im nahegelegenen Schloß wohnte.

CROIZET XO

Zum Besitz der Familie gehören insgesamt etwa 150 Hektar Weinberge, Brennereien, Lagerhallen und Büros. Der Ertrag der etwa 430 000 Weinstöcke beläuft sich auf 10 030–16 050 Hektoliter Wein. Croizet kauft gut 10 000 Hektoliter Wein und 3000 Hektoliter nicht ausgereiften Cognac hinzu. Davon stammen 70 % aus der Grande Champagne, 15 % aus der Petite Champagne und 15 % aus den Anbaugebieten Fins Bois und Bons Bois.

Der Ausbau erfolgt in Limousineiche, die Fässer sind zum Teil neu, überwiegend jedoch mehr als 15 Jahre alt. Zu den Reservebeständen gehört auch seltener Cognac aus der Zeit vor der Phylloxera – eine Mitgift des Fräuleins Croizet bei ihrer Hochzeit mit J. Eymard 1892.

SORTIMENT

CROIZET VS
CARRIÈRE VS
DORLAN VS
BOYARD VS
MATTE VS
CROIZET VSOP
CROIZET NAPOLÉON
CROIZET XO
CROIZET RÉSERVE PARTICULIÈRE

Zu den im Laufe der Jahre gewonnenen Auszeichnungen zählen Goldmedaillen bei der Pariser Ausstellung 1978 sowie bei Wettbewerben in Amsterdam, Moskau (1991) und Leipzig (1974). Die älteren und selteneren Cognacs wie etwa der 15 Jahre alte XO sind der Stolz der Croizets. Das Unternehmen im Familienbesitz wird heute von der siebten Generation geführt. Die Bestände werden so gewissenhaft verzeichnet, daß einige Cognacarten als Einzeljahrgänge verkauft werden dürfen. Viele führende Küchenchefs geben Croizets Cognac den Vorzug, darunter Troisgros, la Tour d'Argent und Vergé. Sie füllen ihn teilweise unter »eigenem Etikett« ab, beispielsweise »Vicomte de Bressiac«. Mit großem Erfolg wird er auch im Fernen Osten verkauft.

Verkostungsnotizen

CROIZET XO »AGE INCONNU«
(ALTER UNBEKANNT – IN EINER STILVOLLEN OVALEN KARAFFE)

Gelbbrauner Kern mit schmalem, ockerfarbenem Rand; warmer, fruchtiger Duft, recht stilvoll, Haselnußtöne; geschmeidige, reizvolle Frucht, vielschichtig, recht gehaltvoll, mittlere Länge, aber feurige Schärfe im Abgang.
Gut bis sehr gut

A. de LUZE

B.P. 37, 16102 COGNAC
TEL.: (0033–5) 57 97 07 20
Besuche nach Vereinbarung

Alfred de Luze gründete das Unternehmen A. de Luze 1820 in Bordeaux, um die New Yorker Firma seines Bruders Louis-Philippe mit Cognac zu beliefern. 1824 handelte de Luze mit Wein und ausgereiftem Cognac. Schon kurze Zeit später wurden Vertretungen in England und Rußland errichtet.

Im Jahr 1880 starb Alfred de Luze, und sein Enkel übernahm das Unternehmen. Dieser begann, Cognac nach Ägypten und den Niederländischen Antillen zu exportieren; 1927 wurde er offizieller Lieferant der dänischen Krone. De Luze wurde 1980 von Rémy Martin aufgekauft und gehört heute zur Rémy-Cointreau-Gruppe.

De Luze erzeugt heute rund 3000 Hektoliter Cognac, und zwar ausschließlich aus Ugni Blanc-Trauben. Sie stammen zu

SORTIMENT

DREI STERNE

VSOP

NAPOLÉON

XO

GRAND COGNAC
NAPOLÉON

90% aus den Fins Bois und zu 10% aus den Bons Bois/Bois Ordinaires. Der Ausbau erfolgt in Limousineiche. Die Fässer sind im Durchschnitt 15 Jahre alt; neue Fässer finden keine Verwendung.

Skandinavien ist der wichtigste Absatzmarkt, der Cognac ist jedoch europaweit und im Fernen Osten erhältlich, teilweise unter eigenem Etikett in Geschäftsketten wie Aldi und Tesco (Großbritannien). Der Absatz beläuft sich auf etwa eine Million Flaschen VS/Drei Sterne, 145 000 Flaschen VSOP und 28 500 Flaschen QSS.

Der Napoléon ist in einer kugelförmige Karaffe abgefüllt, andere Marken kommen in Flaschen mit der Form des Eiffelturmes oder der Freiheitsstatue in den Handel.

DREI STERNE

VSOP

Verkostungsnotizen

DREI STERNE

Relativ dunkle Farbe, Mandelduft; am Gaumen gehaltvoll und mild, aber strenger Geschmack im Abgang.
Passabel

VSOP

Gelbbraune Farbe; Annanasaroma; am Gaumen leicht unausgeglichen, aber passable Länge.
Passabel bis gut

GRAND COGNAC NAPOLÉON

Mittel- bis tiefgelbbraune Farbe; Duft von Pflaumen und Haselnüssen; gehaltvoller Geschmack mit weicher, angenehmer Frucht, aber leicht feuriger Abgang. **Gut**

DE LUZE XO GRANDE
(LIMITIERT UND NUMERIERT; IN EINER ATTRAKTIVEN RECHTECKIGEN KARAFFE)

Gelbbrauner Kern mit langem, hellockerfarbenem Rand; weicher, leicht fruchtiger Duft mit ansprechendem Vanille- und Haselnußaroma; wärmender, fruchtiger Geschmack mit weichen Aprikosentönen, einladend, mittlere Länge.
Sehr gut

XO GRANDE

GASTON de LAGRANGE

> Château de Cognac, B.P. 3, 16101 Cognac
> Tel.: (0033–5) 45 36 88 88
> *Keine Besuche möglich*

Gaston de Lagrange wurde 1961 vom Wermut-Giganten Martini & Rossi gegründet. Das Unternehmen ist nach dem französischen Comte Gaston de Lagrange benannt. Es besitzt keine Weinberge, kauft aber rund 2000 Hektoliter noch nicht gereiftes Destillat, hauptsächlich aus Ugni Blanc-Trauben.

Das Destillat reift mit 55–65 Vol.-% Alkohol, der Gehalt wird dann nach und nach herabgesetzt. 5 % des verwendeten Holzes sind neu; drei Böttchereien fertigen die Fässer aus Eiche aus dem Limousin in Zentralfrankreich. Der Absatz liegt bei 375 000 Flaschen VS, 55 000 Flaschen VSOP und 27 000 Flaschen beider XOs; der Alkoholgehalt liegt jeweils bei 40 Vol.-%.

De Lagrange verarbeitet Trauben aus der Grande und Petite Champagne, den Borderies und den Fins Bois.

SORTIMENT

VS

VSOP

XO

XO Grande Champagne

DE LAGRANGE VS

Im Gleichgewicht zwischen den vier Anbaugebieten sieht der Kellermeister eine ideale Kombination für die drei erstgenannten Cognacs: Die feinen Aromen der Grande und Petite Champagne verbinden sich mit dem blumigen Charakter der Borderies und der Frucht der Fins Bois.

Gaston de Lagrange exportiert in über 50 Länder. Die wichtigsten Märkte sind Frankreich, Belgien, Kanada, die USA und der Ferne Osten. Das Unternehmen selbst schreibt seinem Cognac ein hervorragendes Preis-Leistungs-Verhältnis zu.

Verkostungsnotizen

VS

Helle strohfarbene Erscheinung; weich, Mandelduft; weiche Frucht, relativ stilvoller Geschmack, mittlere Länge, leicht feuriger Abgang. **Gut**

VSOP

Mittlere Strohfarbe; schwere Frucht mit Mandeln; Geschmack von jungen Walnüssen, leicht bitterer Abgang, mittlere Länge. **Passabel bis gut**

DE LAGRANGE VSOP

L. de SALIGNAC

2 place du Château, 16200 Jarnac
Tel.: (0033–5) 45 35 55 55

*Besucher: Mai bis Oktober täglich (einschließlich Feiertage),
9.30–16.45 Uhr. Das restliche Jahr nach Vereinbarung. Die Tour schließt einen
Besuch des Museums und der Lagerhalle ein. Besucher erhalten
eine Broschüre und eine kleine Flasche (3 cl) Cognac.*

Der Name Salignac ist römischen Ursprungs. Er bezeichnete den Besitz eines römischen Farmers, der sich in der Cognac-Region niederließ, nachdem Caesar Gallien erobert hatte. Die Geschichte der Salignacs kann bis ins 16. Jahrhundert zurückverfolgt werden, und ihr Wappen ist auf vielen offiziellen Dokumenten abgebildet.

Antoine de Salignac, 1753 geboren, stieg 1802 gemeinsam mit einem Geschäftspartner in den Cognac-Handel ein. Seit 1809 leitete er zusammen mit seinem Sohn Pierre-Antoine das Unternehmen Salignac & Fils. Letzterer schuf die Voraussetzungen für eine erfolgreiche Zusammenarbeit zwischen Weinbauern und Destillateuren und sicherte so die kontinuierliche

SORTIMENT

VS DREI STERNE

VSOP

NAPOLÉON FINE CHAMPAGNE

XO

L. DE SALIGNAC VSOP

Belieferung. Darüber hinaus war er an der Ausarbeitung eines Systems beteiligt, das Cognacs nach Anbaugebiet und Reifegrad klassifiziert und so dazu beiträgt, die Qualitätsstandards der Destillate zu gewährleisten.

Ein Nachkomme änderte 1898 den Firmennamen, seinem Vornamen entsprechend, in Louis de Salignac. Nach der Fusion mit Henry Roy 1924 wurde das Unternehmen 1974 von Hiram Walker aufgekauft, später Teil von Allied Domecq und Tochtergesellschaft von Courvoisier.

Achtbare Persönlichkeiten wie Winston Churchill, Harry Truman und Konrad Adenauer kauften bei Salignac.

Verkostungsnotizen

L. DE SALIGNAC VS

Bernsteinfarbener Kern mit wäßrig-zitronenfarbenem Rand; feuriger, derber Fruchtgeschmack, Sultaninen, mittlere Länge. **Passabel**

L. DE SALIGNAC VSOP

Helle Erscheinung, strohfarben; Duft von Vanille und Früchten; derber Fruchtgeschmack, feurig, mittlere Länge. **Passabel**

DEAU

Société des Vins & Spiritueux, Domaine du Chaillaud, 17260 St. André de Lidon
Tel.: (0033–5) 46 90 08 10
Besucher: 9.30–17.30 Uhr, täglich Führungen

Deau kann seine Geschichte bis zu Louys Deau zurückverfolgen, der zu Zeiten Ludwigs XIV. Weinbauer in der Saintonge war. Die Familie arbeitete schon vor der Revolution 1789 als »bouilleurs de cru«. Die heutige Generation wird von Jean-Marie Deau vertreten, der 1972 im Alter von nur 21 Jahren die Leitung übernahm. Über viele Jahre verkaufte die Familie Cognac, Wein und Pineau des Charentes in Fässern, 1994 führte sie jedoch ein eigenes Sortiment in Flaschen ein.

SORTIMENT

Deau VS

Deau VSOP

Deau Napoléon Extra Old

Deau XO

Deau Extra

J.M. Deau VSOP

J.M. Deau XO No. 8

J.M. Deau Extra Eternité

DEAU VSOP

Die eigenen Weinberge beim Château de Longchamp erstrecken sich über rund 100 Hektar und gehören zu einem Teil der Familie Deau, zum anderen Teil der Familie von Jean-Marie Deaus Ehefrau. Sie liegen in den Anbaugebieten Borderies, Fins Bois und Bons Bois und decken mit einem Ertrag von 12 037 Hektolitern etwa 20 bis 30% des Bedarfs. Zusätzlich werden 500 bis 1000 Hektoliter noch nicht gereifte Destillate aus allen sechs Anbaugebieten hinzugekauft.

Auf den Weinbergen Deaus werden für die Cognac-Herstellung Ugni Blanc (63 Hektar), Colombard (zehn Hektar), Folle Blanche (sieben Hektar) und Montils (2,5 Hektar) angepflanzt, weitere vier Traubensorten werden zu Wein und Pineau des Charentes verarbeitet: Merlot (4,5 Hektar), Cabernet (3,5 Hektar), Sauvignon Blanc (7,5 Hektar) und Chardonnay (fünf Hektar).

Im Jahr 1991 wurden die Kellerräume des Unternehmens renoviert, um eine bessere

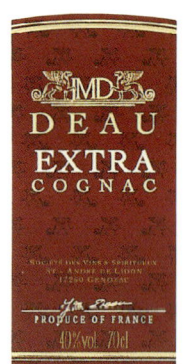

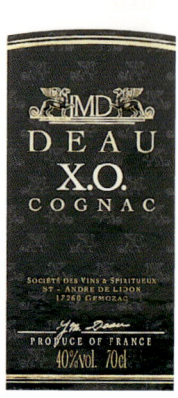

DEAU XO

Das Cognac-Verzeichnis

Kontrolle der Gärung, Trennung der Traubensorten und des Cognac-Verschneidens zu ermöglichen. Vor Ort wird nicht mehr destilliert. Die durchschnittlich 30 Jahre alten Fässer sind aus Limousineiche gefertigt, und neues Holz für frisch destillierten Cognac wird jedes Jahr nachgekauft.

Auf den VS entfallen 40 000, auf den VSOP 30 000, den Napoléon 30 000, den XO 20 000 und den Extra 5000 Flaschen. Verkauft wird Deau-Cognac in Frankreich,

NAPOLÉON EXTRA OLD

Deutschland, Belgien und Großbritannien. An Wettbewerben nimmt das Unternehmen nicht teil.

Zur Domaine du Chaillaud gehören prachtvolle Gärten mit 600 verschiedenen Baumarten, Rosen und einem Gewächshaus aus dem 19. Jahrhundert. Die Besichtigung schließt einen Besuch der Keller und der Probierstube (wo Cognac im Alter zwischen 5 und 100 Jahren sowie Pineau de Charentes gekostet werden kann) ein. Colette Deau empfiehlt, sich für die gesamte Besichtigung drei Stunden Zeit zu nehmen.

Der VS ist im Durchschnitt fünf Jahre alt, und Deau weist darauf hin, daß er, mit Eis oder Tonic serviert, komplexe Aromen entwickelt. Der VSOP ist sechs bis acht Jahre, der Napoléon Extra Vieux 12 bis 15 Jahre, der XO 20 Jahre und der Extra über ein halbes Jahrhundert alt. Das Design der Flaschen stammt von Pierre Dinaud, der auch für Paco Rabanne, Van Cleef und Calvin Klein arbeitet.

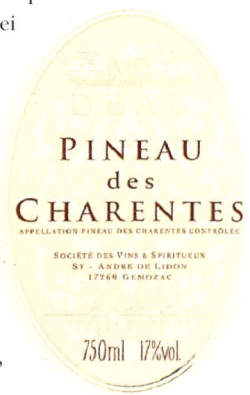

Verkostungsnotizen

VS

Mittlere Strohfarbe; Pflaumen- und Veilchenduft; weiche Frucht mit guter Länge; etwas Vanille. **Gut**

VSOP

Intensive strohfarbene Erscheinung; süßer, eleganter, fruchtiger Duft; am Gaumen mild, passable Frucht und Länge, aber feurige Schärfe. **Passabel bis gut**

NAPOLÉON EXTRA OLD

Helle gelbbraune Farbe; kein einheitlicher Duft, Ananastöne; unreife Frucht; sirupartiger Geschmack mit bitterem Abgang. **Passabel**

DELAMAIN

7 RUE J & R DELAMAIN, B.P. 16, 16200 JARNAC
TEL.: (0033–5) 45 81 08 24

Besuche ganzjährig nach Vereinbarung (außer vom 1.–21. August und Weihnachten) von Montag bis Donnerstag 9.00–16.00 Uhr und Freitag vormittags

Delamain, das kleinste der großen Cognac-Häuser, hat in vielerlei Hinsicht wichtige Beiträge geleistet. Nicholas Delamain begleitete 1625 Henrietta Maria, die Braut des englischen Königs Karl I., als Bediensteter nach London und wurde 14 Jahre später zum Ritter geschlagen. Er ließ sich in Irland nieder und war als protestantischer Landbesitzer bekannt. Ein anderer Sprößling der Familie, Henry Delamain, war Töpfer in Dublin. Das irische Parlament verlieh ihm 100 Pfund als Anerkennung dafür, daß er als erster Kohle für das Brennen von glasiertem Steingut verwendete – ein Ereignis, dem in jüngerer Zeit in Irland mit einer Briefmarkenserie gedacht wurde.

James Delamain, Henrys Neffe, kehrte 1759 aus Irland zu seinen Wurzeln in die Region Cognac zurück und stieg in das Cognac-Geschäft ein. Drei Jahre später machte ihn sein Schwiegervater Isaac Ranson zum Partner seiner Firma in Jarnac, die Cognac in die Niederlande und nach Irland exportierte. Nach der Umwälzung durch die Revolution markierte der Wiederaufbau 1815 die Wiedergeburt des Cognacgeschäftes. Zusammen mit seinen Cousins aus der Familie Roullet gründete Henry Delamain, der Enkel von James, 1824 das Haus Roullet und Delamain. Dieser Name blieb über vier Generationen unverän-

DELAMAIN
1960 GRANDE
CHAMPAGNE

dert. Im Jahr 1920 wurde die Familie Delamain alleiniger Besitzer und änderte den Firmennamen in Delamain & Co.

Die Direktoren Delamains waren auf unterschiedlichen Gebieten erfolgreich. Jacques war ein Pionier der modernen Ornithologie und trieb Naturstudien. Er schrieb mehrere Bücher über Vögel, von denen eines einen Preis der Académie Française gewann. Sein Sohn Jean war ein bedeutender Botaniker und entdeckte mehrere europäische Wildorchideen. Maurice, einer seiner Brüder, gründete den Pariser Verlag Stock, Delamain & Boutelleau, der den französischen Lesern viele angelsächsische Autoren näherbrachte, beispielsweise Thomas Wolfe, Pearl S. Buck und Robert Penn Warren. Ein weiterer Bruder, Robert, verfaßte mit »L'Histoire du Cognac« 1935 eine bedeutende Abhandlung über die Region.

SORTIMENT

Pale & Dry Grande Champagne

Vesper Grande Champagne

Très Vénérable Grande Champagne

Très Vieille Réserve de la Famille Grande Champagne

Vintage 1949, 1960, 1963, 1968

Early Landed

Bis heute ist Delamain ein Familienbetrieb: Alain Braastad, dessen Mutter eine Delamain ist, leitet die Firma gemeinsam mit Patrick Peyrelongue, dessen Großmutter ebenfalls eine Delamain war.

Trotz eines beeindruckenden alten Destillationsapparates in der Lagerhalle destillieren die Delamains nicht, sie besitzen auch keine

ALAIN BRAASTAD-DELAMAIN, PATRICK PEYRELONGUE
UND CHARLES BRAASTAD-DELAMAIN

EIN ALTES DESTILLIERGERÄT IN DELAMAINS LAGERHALLE

Weinberge und stellen selbst keinen Wein her. Als »négociants« beschränken sie sich auf den Ankauf von 10–15 Jahre altem Destillat sowie auf dessen Reifung, Verschnitt und Abfüllung. Sämtliche Bestände stammen aus der Grande Champagne, dem besten Anbaugebiet.

Neues Holz wird nicht verwendet, dafür aber abgelagerte Fässer aus Limousin- oder Tronçaiseiche mit einem Mindestalter von sechs Jahren. Die Delamains vertreten die Meinung, daß neue Holzfässer während des langen Reifungsprozesses zu viele Tannine abgeben. Sie binden sich nicht vertraglich an ihre Geschäftspartner, sondern ziehen das Verkosten und den Einkauf bei einem »bouilleur de cru« vor.

Der Cognac wird mit der beim Einkauf vorhandenen Stärke ausgebaut. Zum Zeitpunkt des Verschnitts liegt der Alkoholgehalt noch weit über der endgültigen Verkaufsstärke. Der jüngste Verschnitt Pale Dry wird trotz eines Durchschnittsalters von 25 Jahren mit rund 50 Vol.-% Alkohol verschnitten. Auch die Art der Reduktion unterscheidet Delamain von anderen Cognac-Häusern. Anstelle von ausschließlich destilliertem Wasser, welches nach Alain Braastad-Delamain »die Feinheit und Balance zerstören würde«, wird über einen Zeitraum von 24 Monaten nach und nach sehr alter Cognac vermischt mit destilliertem Wasser zugegeben. Die Mischung hat einen Alkoholgehalt von insgesamt 15 Vol.-% und wird als »vieilles faibles« bezeichnet.

Beim Einkauf bevorzugt Delamain mit Bodensatz destillierten Cognac, damit mehr Frucht und Ester durchscheinen. Er fügt weder Zucker noch Sirup hinzu, nur gelegentlich etwas Karamel.

Die Grande Champagne verfügt über die höchste Konzentration an Weinbergen und umfaßt etwa 15% der gesamten Region. Delamain sucht nach erlesenen, reichen Cognacs mit reintönigen Aromen. Die Winzer/Destillateure halten gerne Teile ihrer feinsten Weinbrände zurück, um sie kurz vor der Reife zu einem bestmöglichen Preis zu verkaufen und einen Vorrat für schwere Zeiten anzulegen. An diesem Punkt ist dann Delamains Verhandlungsgeschick als »négoçiant« gefragt.

Selbst für das Abfüllen des Cognacs ist handwerkliches Geschick vonnöten. Die Flaschen werden mit Cognac ausgewaschen und anschließend einzeln überprüft, von Hand etikettiert und versiegelt – wie in den Tagen vor der Einführung der Kapselverschlüsse.

Besonderes Kennzeichen der Delamain-Cognacs ist ihre Leichtigkeit – sowohl in der Farbe als auch im Stil. Sie erinnert an den außergewöhnlich klaren Himmel und an die hügelige Landschaft der Charente mit ihren Weinbergen und romanischen Kirchen.

Der Pale & Dry wurde in den 20er Jahren dieses Jahrhunderts entwickelt und ist die Hauptmarke des Hauses; auf ihn entfallen etwa 80% des Umsatzes. Er trägt den Namen »pale«, da er aufgrund seiner Reifung in alten Fässern wesentlich heller ist als andere Cognacs in vergleichbarem Alter (22–28 Jahre). Die Bezeichnung »dry« bezieht sich auf die Tatsache, daß er nur über seine natürliche Süße verfügt. Vesper ist ein alter Verschnitt mit

PALE & DRY GRANDE CHAMPAGNE

klassischerem Charakter, er wurde in den 50er Jahren entwickelt. Die Cognacs im Verschnitt sind etwa zehn Jahre älter als die beim Pale & Dry. Er reift in alten, recht feuchten Kellern in der Nähe der Charente.

Der älteste Cognac in Delamains Standardsortiment ist der Très Vénérable mit einem Durchschnittsalter von 50 Jahren. Sämtliche der für den Très Vénérable verwendeten Cognacs reifen vor dem Verschnitt separat entsprechend ihrer Herkunft und dem Zeitpunkt der Destillation mit 48 Vol.-% Alkohol. Die limitierteste Auflage, Réserve de la Famille, besteht aus einem sehr alten Weinbrand, der als so außergewöhnlich und hochwertig beurteilt wurde, daß er unverschnitten angeboten wird. Er ist 55 bis 60 Jahre in Holzfässern gereift und wurde dann in große Krobflaschen umgefüllt. Der Cognac kommt mit seinem natürlichen Alkoholgehalt von 43 Vol-% in den Handel. Die Etiketten wurden auf handgeschöpftem Hanfpapier gedruckt.

Gelegentlich bietet Delamain auch einen Jahrgangs-Cognac an. Dieser ist entweder »early-landed« (der Ausbau erfolgte in England oder Schottland) oder in Jarnac gereift. Nur wenige »négociants« haben die

DELAMAINS AUSBAUKELLER

Genehmigung, einzelne Jahrgänge entsprechend einer 1988 erlassenen Regelung auszubauen und zu verkaufen. Zur Zeit bietet Delamain den Jahrgang 1960 an, den er bei einem Weinbauer/Destillateur in Verrières bei Segonzac gekauft hat. Der Bestand ist gering und vor allem für Kenner bestimmt, die seine außergewöhnliche Reinheit zu schätzen wissen. Auch die Jahrgänge 1949 und 1963 sind noch vorhanden. »Early-landed« wird in der Regel innerhalb von 24 Monaten nach der Destillation versendet und erst nach 21 Jahren Reifung in Holzfässern auf Flaschen gezogen.

Alain Braastad-Delamain hebt das notwendige Zusammenspiel der unterschiedlichen Faktoren wie Qualität des Rohdestillats, Lagerbedingungen und Geschick des Verschnittmeisters hervor und betont, daß sein Haus »im Vergleich mit praktisch jedem anderen Cognac auf dem Markt ein besseres Preis-Leistungverhältnis biete«. Diese Meinung teilen viele Spitzenhotels und -restaurants, und im »Livre du Cognac« ist nachzulesen: »Die Familie Delamain ist für den Cognac, was Rembrandt für die Malerei ist.«

Verkostungsnotizen

PALE & DRY GRANDE CHAMPAGNE

Feiner, leicht blumiger Duft, vielschichtig; am Gaumen mild und abgerundet mit angenehmer Frucht und ausgeglichener Säure.
Gut bis sehr gut

VESPER GRANDE CHAMPAGNE

Der Duft ist reicher und voller als beim Pale & Dry. Er verfügt über eine gute Tiefe und Vanille-/Rancio-Charakteristiken; reicher Geschmack von weicher Frucht mit langem Abgang, sehr ausgeglichen.
Sehr gut bis außergewöhnlich

TRÈS VÉNÉRABLE GRANDE CHAMPAGNE

Heller als Vesper; sowohl blumige als auch würzige Aromen mit Rosinen; mild und fruchtig, komplexer, weicher, fruchtiger Geschmack, vielschichtig, mittlere Länge, leicht alkoholischer Abgang.
Sehr gut

TRÈS VIEILLE RÉSERVE DE LA FAMILLE GRANDE CHAMPAGNE

Relativ holziger Duft mit vielschichtiger Frucht; am Gaumen weiche Frucht mit komplexen Vanilletönen; mittlere Länge: ein denkwürdiger Cognac, der seine Reife und Tiefe erkennen läßt.
Sehr gut bis außergewöhnlich

DOMPIERRE

> Domaine de Fontsèche, 17610 Dompierre sur Charente
> Tel.: (0033–5) 46 91 09 27
> *Besucher willkommen*

Der Weinberg der Domaine de Fontsèche liegt zwischen den Städten Cognac und Saintes und ist ausschließlich mit Ugni Blanc-Trauben bepflanzt: 15 Hektar im Anbaugebiet Borderies und 25 Hektar in den Fins Bois. Der Ertrag liegt bei 4000 Hektolitern. Weder Wein noch Rohdestillate werden hinzugekauft.

Die Destillation erfolgt in zwei Brennblasen mit jeweils 25 Hektolitern Fassungsvermögen. Der Cognac reift je zur Hälfte in Allier- und Tronçaiseiche, die Dompierre von den Böttchereien Moreau und Vicard bezieht. Die Alkoholstärke des Cognacs wird nach und nach von 70 auf 40 Vol.-% herabgesetzt.

Unter dem Etikett J. Bancel entfallen 80% der Verkäufe auf den VSOP, die restlichen 20% auf den XO. Das Destillat reift mindestens vier Jahre und wird dann mit Cognacs aus der Grande und Petite Champagne verschnitten.

Das Gut beherbergt ein Museum, das die Geschichte des Cognacs und die unterschiedlichen Produktionsmethoden darstellt.

SORTIMENT

VSOP

XO

Verkostungsnotiz

J. BANCEL VSOP

Gelbbraunfarbener Kern mit hellem, zitronenfarbenem Rand; Aprikosenduft; holzige Schärfe, kurze Länge.
Passabel bis gut

J. BANCEL VSOP

A. E. DOR

> 4 rue Jacques Moreau, 16200 Jarnac
> Tel.: (0033–5) 45 36 88 68
> Besucher willkommen; Gruppen nach Vereinbarung

Dor wurde 1858 von Amédée-Edouard Dor gegründet. Er entstammte einer alteingesessenen Familie aus Cognac und verschaffte sich bald einen guten Ruf für feine, ausgereifte Cognacs – eine Tradition, die bis heute von Jacques Riuère aufrechterhalten wird. Dor besitzt etwa 10 Hektar in der Grande und Petite Champagne und eine kleine Fläche in den Fins Bois. Etwa 80 Hektar stehen unter Vertrag: 65% in der Grande und Petite Champagne, der Rest in den Borderies, Fins Bois und Bons Bois.

SORTIMENT

Sélection

Rare Fine Champagne VSOP

Napoléon

Vieille Fine Champagne XO

Grande Champagne
Réserve No. 6
Réserve No. 7
Réserve No. 8
Réserve No. 9
Réserve No. 10
Réserve No. 11

Vieille Réserve No. 6

Verkostungsnotizen

SÉLECTION

Mittlere Strohfarbe im Kern mit breitem, hellem zitronenfarbenen Rand; Duft von leichter Frucht, feurig; leicht derber Geschmack mit strenger, feuriger Frucht. **Enttäuschend**

RARE FINE CHAMPAGNE

Mittlere Strohfarbe im Kern mit heller, zitronenfarbener Randerscheinung; Aprikosenduft; relativ reicher Geschmack, schwere Frucht; mittlere Länge. **Passabel**

NAPOLÉON

Tiefgoldener Kern mit breitem, hellem, zitronenfarbenem Rand; feiner blumiger Fruchtduft; geschmeidiger, relativ reicher Fruchtgeschmack, feurige Schärfe. **Passabel bis gut**

XO

Tiefgoldener Kern mit breitem, hellem ockerfarbenem Rand; gehaltvoller Duft, geschmeidige Frucht, Mandeln, vielschichtig; reicher Fruchtgeschmack, aber relativ feurig. **Passabel bis gut**

NO. 11 GRANDE CHAMPAGNE

Tiefgoldener Kern mit breitem, zitronenfarbenem Rand; fruchtiger Rancio-Duft mit weichem Stil; geschmeidig, mittlere Länge. **Sehr gut**

Die Brennerei liegt in der Petite Champagne bei Châteauneuf-sur-Charente (einem Städtchen zwischen Cognac und Angoulême). Destilliert wird ohne Bodensatz und unter Einsatz eines »chauffe-vin« zur Vorwärmung des Weins.

Was Dor auszeichnet, ist die 1951 erworbene Genehmigung, als erste Firma Cognac mit weniger als 40 Vol.-% Alkohol zu verkaufen. Diese Untergrenze war 1946 per Dekret festgelegt worden, Noël Denieul (Leiter des Hauses von 1922–1971) konnte jedoch erfolgreich damit argumentieren, daß Teile seiner Bestände ganz natürlich unter dieser Grenze liegen. Folglich durften diese auch weiterhin verkauft werden. Sehr alte Cognacs werden in große Korbflaschen umgefüllt. Nach Dor haben diese Bestände allerdings ihr Aroma und ihre Kraft verloren, sind also »flach« geworden. Sie eignen sich jedoch für Verschnitte oder für die Verbesserung junger Cognacs.

Dor ist in der Regel in führenden Hotels und Restaurants erhältlich, beispielsweise im Everest Room und Park Hyatt (Chicago), Postrio und Stars (San Francisco), Red Stage (Washington), La Masia (Barcelona), Hiramatsu (Tokio), Bath Spa (Bath, England), Middlethorpe Hall (York, England) und One Devonshire Gardens (Glasgow).

DUBOIGALANT

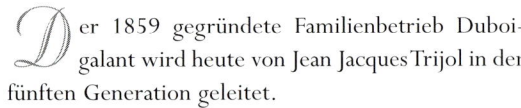

Chez Galland, 17520 St. Martial sur Né
Tel.: (0033–5) 46 49 53 31
Besucher: montags bis freitags nach Vereinbarung

Der 1859 gegründete Familienbetrieb Duboigalant wird heute von Jean Jacques Trijol in der fünften Generation geleitet.

Duboigalant verwendet – im Gegensatz zur Schwesterfirma Trijol – ausschließlich Trauben aus der Grande Champagne: 90% Ugni Blanc, weiterhin Folle Blanche und Colombard. Der Weinberg der Familie erstreckt sich über 20 Hektar in der Gemeinde Salles d'Angles westlich von Segonzac.

Die Brennerei in St. Martial sur Né ist mit 18 Charentaiser Brennblasen ausgestattet. Der Ausbau erfolgt ausschließlich in Limousineiche. Die neue Marke Elégance, ein Verschnitt aus vier und zwölf Jahre alten Cognacs, reift mit anfänglich 65 Vol.-%, VSOP mit 58 Vol.-% und XO mit 47 Vol.-% Alkohol.

Vom VSOP werden jährlich 10 000 Flaschen verkauft, vom XO 5000 (in einer prachtvollen ovalen Karaffe mit Goldlettern) und vom Très Rare 1000 Flaschen. Die wichtigsten Absatzmärkte sind Deutschland, Frankreich, Großbritannien, Belgien, Luxemburg, die Schweiz, Schweden, Finnland, Taiwan und Florida. Duboigalant betont, daß nur sorgfältig ausgewählter Cognac von exzellenter Qualität in den Handel kommt. Der Produktionsumfang ist damit zwangsläufig begrenzt. Weder »boisé« noch Zucker oder Siruplösungen werden hinzugefügt. Die Herabsetzung der Alkoholstärke erfolgt mit destilliertem Wasser.

DUBOIGALANT TRÈS RARE GRANDE CHAMPAGNE

Verkostungsnotizen

VSOP GRANDE CHAMPAGNE

Helle, strohfarbene Erscheinung; weicher, ansprechender, fruchtiger Duft; weicher Fruchtgeschmack, mittlere Länge, entspricht dem Mindestalter von 10 Jahren.
Passabel bis gut

XO GRANDE CHAMPAGNE

Mittlere Strohfarbe; eleganter, ansprechender, leicht süßlicher Fruchtduft mit angenehmen Holztönen; Honig und Haselnüsse, langanhaltend; ausgeglichen, mindestens 20 Jahre alt.
Sehr gut

TRÈS RARE

Mittlere Strohfarbe; weicher, stilvoller, fruchtiger Duft mit einem Hauch Eleganz; weicher Geschmack mit mittlerer Länge, aber strenge Schärfe im Abgang; mindestens 50 Jahre alt. **Gut**

TRÈS RARE GRANDE CHAMPAGNE

Heller, orangefarbener Kern mit langem zitronenfarbenem Rand; leichter Duft von Rosinen, kandierten Fruchtschalen und gedörrten Früchten; am Gaumen weiche, angenehme Frucht, langanhaltend, wahrer Stil ohne strenge Töne.
Sehr gut

SORTIMENT

ELÉGANCE GRANDE CHAMPAGNE

VSOP GRANDE CHAMPAGNE

XO GRANDE CHAMPAGNE

TRÈS RARE GRANDE CHAMPAGNE

DUBOIGALANT XO GRANDE CHAMPAGNE

A. E. DUPUY

B.P. 62, 16102 Cognac
Tel.: (0033–5) 45 32 07 45
Besuche nach Vereinbarung

Dupuy wurde 1852 von Auguste Dupuy gegründet, Edmond Dupuy trat 1895 seine Nachfolge an. Schon von Beginn an hat sich das Unternehmen auf den Export konzentriert. Im Jahr 1905 kauften die beiden Norweger Peter Rustad und Thomas Bache-Gabrielsen das Haus auf. Sie verkauften weiterhin die Dupuy-Marken, begannen aber auch, Cognac unter dem Etikett Bache-Gabrielsen in skandinavische Länder zu exportieren. Bis heute liegt die Leitung des Unternehmens in den Händen eines direkten Nachkommens: Der Geschäftsführer ist Christian Bache-Gabrielsen, unterstützt wird er von Jean-Philippe Bergier.

Dupuy kauft jedes Jahr rund 800 Hektoliter jungen Cognac aus vier Anbaugebieten: 30% aus der Grande Champagne, 20% aus der Petite Champagne, 40% aus den Fins Bois und 10% aus den Bons Bois. Davon sind insgesamt 95% aus Ugni Blanc-Trauben hergestellt und nur 5% aus Colombard-Trauben.

Dupuy besitzt keine Brennblasen. Zur Reifung wird ausschließlich Limousineiche verwendet – das Rohdestillat reift zunächst in neuen Fässern und wird dann in über zehn Jahre alte Fässer umgefüllt.

DUPUY HORS D'AGE GRANDE FINE CHAMPAGNE

Vom Drei Sterne und VS werden jährlich 212 000 Flaschen verkauft, vom VSOP 23 000, vom Napoléon und Napoléon Fine Champagne 22 000, vom XO Fine Champagne 30 000 und von den beiden Spitzencognacs Extra Fine Champagne und Hors d'Age Grande Champagne zusammen 10 000 Flaschen. Der Extra Fine enthält etwa 25 Jahre alten Cognac, der Hors d'Age Grande Champagne dagegen etwa 40 Jahre alten Cognac.

SORTIMENT

Dupuy Drei Sterne/
VS Fine Champagne

Dupuy VSOP

Dupuy Napoléon

Dupuy Napoléon Fine
Champagne

Dupuy XO Fine
Champagne

Dupuy Extra Fine
Champagne

Dupuy Hors d'Age
Grande Fine
Champagne

Bache-Gabrielsen
Drei Sterne

Bache-Gabrielsen XO
Fine Champagne

Bache-Gabrielsen
Thomas XO Fine
Champagne

Rochas Napoléon

Rochas XO Fine
Champagne

DUPUY EXTRA FINE CHAMPAGNE

Das Cognac-Verzeichnis

Auf der International Wine and Spirit Competition in Großbritannien erhielt Dupuys Napoléon Fine Champagne die Silbermedaille. Der Hors d'Age gewann die Goldmedaille bei einem Wettbewerb in Segonzac.

DUPUY SÉLECTION
FINE CHAMPAGNE

Verkostungsnotizen

DUPUY SÉLECTION FINE CHAMPAGNE

Helles bernsteinfarbenes Zentrum und langer, ockerfarbener Rand; kein sehr klarer Duft, alkoholisch, leicht nußartige Frucht; am Gaumen trockene, leichte Frucht mit feurigem Abgang.
Passabel

DUPUY EXTRA FINE CHAMPAGNE

(IN EINER TRANSPARENTEN, ZYLINDRISCHEN FLASCHE MIT DRAHTVERSCHLUSS UND SIEGEL)

Leuchtendes, mittleres Gelbbraun im Kern mit hellockerfarbenem Rand; Duft von wärmenden Früchten, etwas Holzrauch und Lakritz; leichte Frucht, geschmeidiger Geschmack, ausgeglichen, aber leicht strenge Schärfe im Abgang.
Gut bis sehr gut

DUPUY HORS D'AGE GRANDE FINE CHAMPAGNE

Mittel- bis tiefgelbbraune Erscheinung; geschmeidig, fruchtig, Duft von Feigen, etwas alkoholisch; süßlicher Honiggeschmack mit milden Feigen, gute Länge.
Sehr gut

EXSHAW

127 BOULEVARD DENFERT ROCHEREAU, 16100 COGNAC
TEL.: (0033–5) 45 36 88 88
Keine Besuche möglich

John Exshaw gründete 1805 das nach ihm benannte Cognac-Haus. Er entstammte einer angesehenen irischen Familie und war ein direkter Nachkomme von John Exshaw, der im Jahr 1770 Oberbürgermeister von Dublin war.

Exshaw ließ sich 1802 in Bordeaux nieder, wo seine Onkel als Bankiers arbeiteten. Drei Jahre später gründete er ein Unternehmen, das Wein und Weinbrand aus der Charente exportierte. Zu jener Zeit wurden die Destillate in England, der bedeutendsten Abnehmernation, ausgebaut. Exshaw jedoch zog für die Reifung von Cognac das feuchte Klima der Atlantikküste

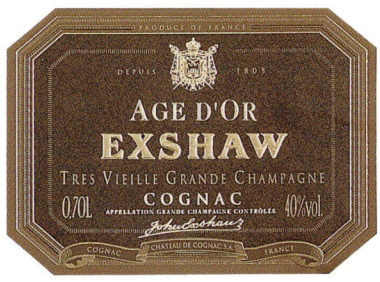

TRÈS RARE XO GRANDE CHAMPAGNE

dem Klima in England vor. Um die von Napoleon verhängte Kontinentalblockade zu umgehen, hißte er auf den Schiffen, die seinen Cognac außer Landes brachten, die amerikanische Flagge. Vor dem Bau des Suezkanals (1859–1868) war Exshaw der erste, der via Suez Cognacflaschen in den Fernen Osten exportierte. Mit Kamelen wurde die Fracht über die Landenge von Suez nach Port Said gebracht.

Thomas-Henri, Exshaws ältester Sohn, übernahm das Geschäft und konzentrierte sich vollständig auf Cognac. Er wählte die noch unausgereiften Bestände persönlich aus und kontrollierte Reifung und den Verschnitt. Exshaw entwickelte sich zu einer der führenden Marken auf dem Weltmarkt und unterhielt gute Geschäftsbeziehungen zu Indien, Burma, Malaysia, China und Westafrika. Die meisten dieser Verträge endeten, als Großbritannien seine Kolonien aus der Abhängigkeit entließ oder mit Ausbruch des Zweiten Weltkrieges. Im Jahr 1975 wurde die Firma von Otard gekauft.

Exshaw verarbeitet ausschließlich Weine aus der Grande Champagne, vorwiegend aus Ugni Blanc-Trauben gewonnene Sorten. Das Unternehmen besitzt weder Weinberge noch Brennblasen, hat aber zehn Brennereien unter Vertrag. Die Destillate reifen mit 55 bis 65 Vol.-% Alkohol und werden zu 70 % in Limousineiche, zu 30 % in Alliereiche ausgebaut. Neue Fässer finden nur zu 5 % Verwendung und werden von drei verschiedenen Böttchereien geliefert.

Verkostungsnotizen

TRÈS RARE XO GRANDE CHAMPAGNE

Mittlere, gelbbraune Farbe; sehr ansprechender Mandel- und Honigduft, etwas Frucht, elegant; am Gaumen milde Frucht mit nußartiger Schärfe, die gute Länge reflektiert das Alter von 15–20 Jahren.

Sehr gut

EXTRA AGE D'OR TRÈS VIEILLE GRANDE CHAMPAGNE

Heller, gelbbrauner Kern mit breitem, hellem ockerfarbenem Rand; im Duft entfalten sich Aprikosen- und Honignoten; passable Frucht, reicher Geschmack, leicht nußartig, aber strenger Abgang; 25 Jahre alt.

Passabel bis gut

Der jährliche Absatz in Flaschen beträgt für den VSOP 57 000, 4000 für den XO No. 1 und 1500 für den Extra Age d'Or. Die beiden letztgenannten Cognacs werden in führenden Restaurants verkauft, insbesondere in den Niederlanden, Deutschland und Frankreich.

AGE D'OR TRÈS VIEILLE
GRANDE CHAMPAGNE

Jean Luc FERRAND

Route du Boc, 16130 Segonzac
Tel.: (0033–5) 45 83 43 16
Besucher: 8.00–19.00 Uhr

Dieser Familienbetrieb von Weinbauern und Destillateuren wurde im 16. Jahrhundert gegründet. Ihm gehören heute 26 Hektar bei Segonzac im Herzen der Grande Champagne; er kennzeichnet seine Etiketten daher stolz mit dem Zusatz »1er Cru de Cognac«.

Jedes Jahr produziert Ferrand rund 3000 Hektoliter Wein. Die Trauben stammen von eigenen, mit Ugni Blanc bepflanzten Ländereien. Zwei Brennblasen mit 17 und 25 Hektolitern Fassungsvermögen sind in Betrieb. Das Destillat reift in Allier- und Limousineiche. Neben drei Cognacmarken bietet Ferrand auch Pineau de Charentes an (weiß und rosé).

SORTIMENT

VSOP

Réserve

XO

RÉSERVE GRANDE CHAMPAGNE

Das Cognac-Verzeichnis

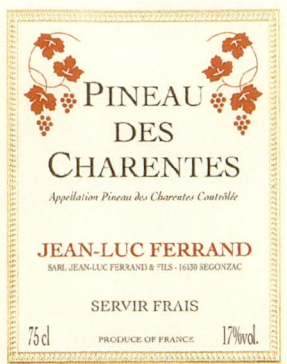
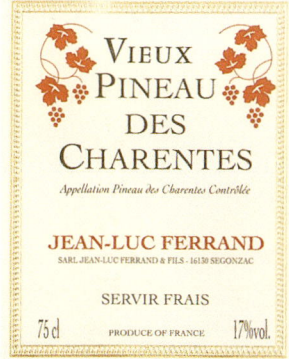

Verkostungsnotiz

RÉSERVE (40 VOL.-% ALKOHOL)

Heller, gelbbrauner Kern mit langem, wäßrig-ockerfarbenem Rand; weicher Duft von Früchten; gute Länge mit Frucht und Haselnußaroma.

Sehr gut

Pierre FERRAND

La Nerolle, 16130 Segonzac
Tel.: (0033–5) 45 83 41 82
Besucher: montags bis freitags, 9.00–12.00 und 14.00–17.00 Uhr

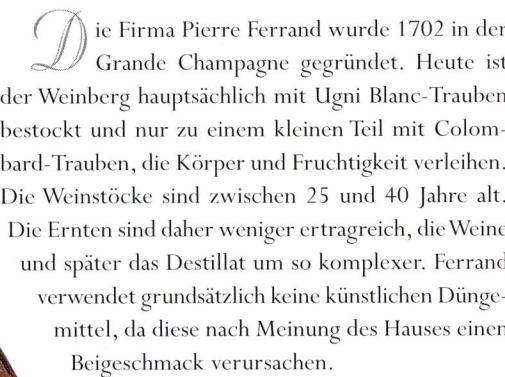

Die Firma Pierre Ferrand wurde 1702 in der Grande Champagne gegründet. Heute ist der Weinberg hauptsächlich mit Ugni Blanc-Trauben bestockt und nur zu einem kleinen Teil mit Colombard-Trauben, die Körper und Fruchtigkeit verleihen. Die Weinstöcke sind zwischen 25 und 40 Jahre alt. Die Ernten sind daher weniger ertragreich, die Weine und später das Destillat um so komplexer. Ferrand verwendet grundsätzlich keine künstlichen Düngemittel, da diese nach Meinung des Hauses einen Beigeschmack verursachen.

Die Destillation erfolgt mit Bodensatz. Der Wein bleibt ungefiltert und daher aromatischer. Um die Aromen des Weines zu bewahren und einen abgerundeten und stärker duftenden Cognac zu gewährleisten, finden kleine Brennblasen mit flachen Hälsen Verwendung. Ferrand destilliert mit einer niedrigen Alkoholstärke (bis zu 68 Vol.-% anstelle der gebräuchlicheren 71 Vol.-%), was wiederum der Bewahrung des Aromas dient. Die Destillation endet jeweils zum 31. Dezember.

Ferrand zieht kleine Fässer (2–3,5 Hektoliter Fassungsvermögen) aus poröserer Limousineiche der enger gemaserten Tronçaiseiche vor. Der junge Cognac bleibt bis zu einem Jahr in neuem Holz. Ferrand hat die als »redoullage« bezeichnete Technik entwickelt, wonach etwa alle vier Jahre einige

PIERRE FERRANDS HANDGEBLASENE ABEL-FLASCHE

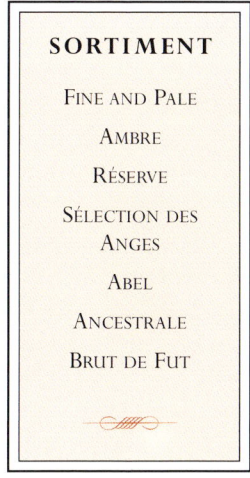

SORTIMENT

FINE AND PALE

AMBRE

RÉSERVE

SÉLECTION DES ANGES

ABEL

ANCESTRALE

BRUT DE FUT

Dauben von alten Fässern durch neue ersetzt werden. So kann der Tanningehalt des Cognacs kontrolliert werden, und er »atmet«, ohne zu viel Holzstoffe oder ein bitteres Aroma aufzunehmen.

Pierre Ferrand verschneidet niemals Cognac während des Reifeprozesses. Wenn dieser fast ausgereift ist, beginnt die langsame Herabsetzung der Alkoholstärke. 30 Jahre alte Cognacfässer werden zur Hälfte mit destilliertem Wasser gefüllt. Mit der Zeit absorbiert das Wasser den in das Holz eingedrungen Cognac, und nach ungefähr sechs Monaten enthält es etwa 20 Vol.-% Alkohol. Mit Hilfe dieses Wassers wird der Alkoholgehalt des Cognacs reduziert: Geringe Zugaben erfolgen in Abständen von drei bis sechs Monaten und bewirken jeweils eine Reduktion um 3%. Der Vorgang dauert bis zu sechs Jahren, bei anderen Produzenten dagegen nur wenige Minuten.

Zu Pierre Ferrands Auszeichnungen gehören die Goldmedaille bei der Challenge International du Vin in Blaye-Bourg (für Abel) und die CIVART Trophy.

Fine and Pale ist im Durchschnitt sechs Jahre, Ambre zehn Jahre, Réserve 20 Jahre,

PIERRE FERRAND SÉLECTION DES ANGES

Sélection des Anges 30 Jahre, Abel 45 Jahre und Ancestrale 70 Jahre alt. Ancestrale ist auf jährlich 300 Flaschen limitiert. Brut de Fut erreicht eine Alkoholstärke von 45–55 Vol.-% ohne Verschnitt oder Reduzierung, und jede Flasche dieses mindestens 25 Jahre alten Cognacs ist numeriert und trägt die Faßnummer.

Verkostungsnotizen

AMBRE

Helle Ockerfarbe, sehr leichter, feiner, blumiger Duft; weicher, leichter Stil, leicht mild, bitter werdend. **Passabel**

RÉSERVE

Helle, strohfarbene Erscheinung; feiner, milder Fruchtduft; stilvoller Geschmack mit Walnüssen, gute Länge. **Gut bis sehr gut**

ABEL

Charakteristischer gelbbrauner Kern mit ockerfarbenem Rand; reicher, vielschichtiger Rancio-Duft; deutlich alkoholische Frucht; langanhaltend und wahre Tiefe. **Außergewöhnlich**

ANCESTRALE

Helle Mahagonifarbe; angenehme Frucht, Pflaumen, recht reicher Duft; gehaltvoll, am Gaumen extraktreich mit fruchtigen Untertönen, feurige Schärfe, mittlere Länge. **Gut**

PIERRE FERRAND ANCESTRALE

Jean FILLIOUX

La Pouyade, 16130 Juillac-le-Coq
Tel.: (0033–5) 45 83 04 09
Besuche nach Vereinbarung

Das 1880 von Honoré Fillioux gegründete Unternehmen wird heute von seinem Urenkel Pascal Fillioux geleitet. Die 21,8 Hektar großen Weinberge in der Grande Champagne sind ausschließlich mit Ugni Blanc-Trauben bepflanzt, da laut Pascal Fillioux Folle Blanche-Trauben zu anfällig für Pilzbefall durch Botrytis sind.

Die Weine werden mit leichtem Bodensatz destilliert und vor der Destillation 15 Minuten in einem »chauffe-vin« vorgewärmt. »Boisé« wird nicht zugefügt. Sofort nach der Destillation wird die Alkoholstärke von 70 auf 65 Vol.-% reduziert. Ausschließlich Limousineiche findet Verwendung, da sie »mehr Tannine abgibt«. Die ersten vier bis sechs Monate reift das Destillat in neuen Fässern mit maximal 3,5 Hektolitern Fassungsvermögen. Der Cep d'Or wurde bei der International Wine and Spirit Competition 1979 mit der Goldmedaille ausgezeichnet.

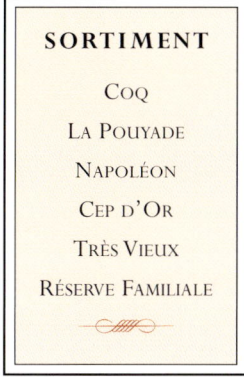

SORTIMENT

Coq
La Pouyade
Napoléon
Cep d'Or
Très Vieux
Réserve Familiale

TRÈS VIEUX

DAS CHÂTEAU DER FILLIOUX IM HERZEN DER GRANDE CHAMPAGNE

VERKOSTUNG BEI FILLIOUX

Verkostungsnotizen

TRÈS VIEUX

Helle, gelbbraune Farbe; guter, einladender, stilvoller Duft mit deutlichem Holzton; geschmeidige Frucht, Anflug von Mandeln. **Insgesamt gut**

RÉSERVE FAMILIALE
(AUCH ALS TRÈS VIEILLE ETIKETTIERT)

Mittlere Ockerfarbe (ohne Karamel); Mandel- und Vanilleduft, typisch für Rancio; weicher Geschmack mit angenehmer Frucht, stilvoll mit guter Länge. **Außergewöhnlich**

JEAN FILLIOUX CEP D'OR GRANDE CHAMPAGNE

Mittlerer, gelbbrauner Kern; Pflaumenduft, leicht süßlich; geschmeidiger, süßer Geschmack, Pflaumen, ziemlich feurige Schärfe. **Gut**

Alain FOUGERAT

Le Breuil de Vouharte, 16330 Vouharte
Tel.: (0033–5) 45 39 75 46
Besuche nach Vereinbarung

Die Familie Fougerat baut seit fünf Generationen Wein an. Nachdem Albert Fougerat aus dem Ersten Weltkrieg zurückgekehrt war, begann er, Ödland mit Weinstöcken zu bepflanzen. Die Weinberge bei St. Amant de Boixe liegen in den Fins Bois nordwestlich von Angoulême. Teilweise haben sie Lehmböden und teilweise Sandböden. Sie sind ausschließlich mit Ugni Blanc-Trauben bestockt, die nach wie vor von Hand geerntet werden. Der Ertrag von etwa 40 Hektolitern Wein wird in einem mit Holzfeuer beheizten Kessel von 15 Hektolitern Fassungsvermögen destilliert. Die Alkoholstärke der Destillate wird erst zwei Jahre vor dem Abfüllen herabgesetzt. Die Zugabe von Zucker beläuft sich auf weniger als 0,8 %.

Die Reifung des Cognacs erfolgt ausschließlich in Fässern aus Tronçaiseiche (Allier) mit jeweils drei bis vier Hektoliter Fassungsvermögen; die Verschnittfässer dagegen haben ein Volumen von 50 Hektolitern. Cogncacs, die für den frühen Verkauf bestimmt sind, reifen in neuen Fässern, Fougerat bevorzugt ansonsten 8 bis 15 Jahre alte Fässer, da sie das reifende Destillat mit Vanille und anderen Aromen verfeinern. Die Fässer werden von Seguin Moreau in Merphins und Chalufour in Jarnac geliefert.

Der Flaschenverkauf beträgt in einem durchschnittlichen Jahr: 2720 Drei Sterne, 1450 VSOP, 540 Napoléon, 210 VR XO und

DREI STERNE

Verkostungsnotizen

DREI STERNE

Helle Ockerfarbe, Vanille und Haselnüsse, ziemlich holziger Duft; am Gaumen Haselnußtöne, fruchtig und scharf. **Passabel**

XO

(PRÄSENTIERT IN EINER ATTRAKTIVEN RECHTECKIGEN KARAFFE)

Leuchtende, mittel-gelbbraune Erscheinung; gehaltvoller, süßlicher Duft, fruchtiger Geschmack, etwas Süße, Tabak, gute Länge. **Gut**

100 Fine Champagne. Letzterer wird mit einem Alkoholanteil von 50 Vol.-% angeboten und ist für den ost- und nordeuropäischen Markt bestimmt. Der Fine reift acht Jahre, der VSOP zehn Jahre, der Napoléon 20 Jahre und der XO 25 Jahre. Unter den Käufern sind sowohl Einzelpersonen als auch Restaurants aus der Region, aber auch aus den Niederlanden, Deutschland und Österreich.

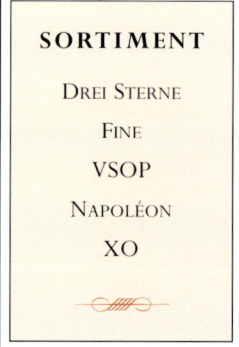

SORTIMENT

DREI STERNE

FINE

VSOP

NAPOLÉON

XO

ALAIN FOUGERAT XO

P. FRAPIN

B.P. 1, rue Pierre Frapin, 16130 Segonzac
Tel.: (0033–5)45 83 40 03
Besuche nach Vereinbarung

Seit über 20 Generationen produziert die Familie Frapin Wein und brennt Cognac. In der Charente lassen sich ihre Spuren bis ins Jahr 1270 zurückverfolgen. Der Familie entstammt unter anderem der Dichter François Rabelais (16. Jahrhundert), Sohn von Antoine Rabelais und Cathrine Frapin. An ihn erinnert Frapins »Cuvée Rabelais«.

Gegen Ende des 17. Jahrhunderts diente Pierre Frapin als Apotheker Ludwigs XIV., der Frapins Familie ein Wappen verlieh. Das Cognac-Haus befindet sich heute im Besitz der Frau des Likörherstellers Max Cointreau. Dieser ist gleichzeitig auch Vorsitzender des Unternehmens Frapin – eine angemessene Position, wenn man bedenkt, daß er 1942 den ersten Brennvorgang beaufsichtigte und heute regelmäßig mit dem Kellermeister Olivier Paultes Verkostungen vornimmt.

Dank der Geschäftsführerin Béatrice Cointreau werden die Bestände heute elektronisch ver-

CHÂTEAU FONTPINOT GRANDE CHAMPAGNE
TRÈS VIEILLE RÉSERVE DU CHÂTEAU

waltet, pneumatische Weinpressen wurden eingeführt, und die Qualitätskontrolle erfolgt mit chromatografischen Analysen. Doch das Haus bewahrt auch Traditionen: Die natürliche Gärung wurde beibehalten, die Destillation erfolgt traditionell mit Bodensatz, und die langen Reifungszeiten werden eingehalten.

Frapin besitzt mit 300 Hektar das größte zusammenhängende Gut in der Grande Champagne, 200 Hektar davon stehen im Ertrag für Wein. Weinberge in Privatbesitz haben sonst im Schnitt nur eine Größe von zwölf Hektar. Die direkt an das Château de Fontpinot grenzenden Gebiete bringen die feinsten Cognacs hervor. Frapins Büros befinden sich in der nahegelegenen Stadt Segonzac im Zentrum der Grande Champagne.

Die Kalkstein-Böden, die im Sommer Feuchtigkeit speichern und die Entwicklung des Aromas fördern, werden ausschließlich mit Kuhmist gedüngt. Frapin kultiviert Weinstöcke nach der Guyot-Methode (d. h. zwei Stöcke und zwei Stützen). Die Cordon-Methode (mit wechselnden Stützen an beiden Seiten) hat den Nachteil, daß die Weinstöcke zu viele Blätter bilden und die Gefahr der Fäulnis groß ist; der Arbeitsaufwand ist allerdings geringer.

Insgesamt 25 078 Hektoliter Wein werden aus Ugni Blanc-Trauben produziert. Folle Blanche-Trauben werden zwar angepflanzt (5 % des Anbaugebietes), momentan jedoch nicht verarbeitet. Folle Blanche-Trauben wurden vor der Phylloxera-Zeit ihres Aromas wegen geschätzt, verloren dann aber an Bedeutung, da sie innerhalb von zehn Jahren bis zu achtmal verfaulen können.

Frapin erntet im frühen Oktober – etwa eine Woche vor den anderen Weinbauern, um einen hohen Säuregrad zu erhalten. Nach der nur zwei Stunden dauernden Pressung werden sämtliche Blätter und Stiele mit einem

VSOP GRANDE CHAMPAGNE

Das Cognac-Verzeichnis

DAS GUT DER FRAPINS IN DER GRANDE CHAMPAGNE

Sieb entfernt, damit keine übermäßige Strenge entsteht. Der Wein allerdings bleibt ungefiltert, damit die charakteristische Fruchtigkeit erhalten bleibt.

Die Destillation erfolgt mit Bodensatz in einer der vier Kupferbrennblasen, von denen jede 25 Hektoliter faßt. Damit der Wein nicht kalt in die heiße Brennblase gelangt, wird ein »chauffe-vin« eingesetzt. Nach der zweifachen Destillation reift der Wein mindestens ein Jahr mit voller Alkoholstärke und wird dann alle zwei Jahre mit einer Mischung aus Cognac und destilliertem Wasser um 8 Vol-% herabgesetzt. Laut Max Cointreau könnte der Cognac bei einer schnelleren Reduktion seifig riechen.

Der Cognac reift in Limousineiche, da diese sowohl Tannine als auch »exotische« Aromen wie Kokosnuß freisetzt. Die Cointreaus halten Tronçaiseiche für zu neutral und verwenden sie daher nicht. Die Fässer im Gebrauch sind bis zu einem Drittel neu und stammen aus einer Böttcherei in der Nähe. Im Gegensatz zu anderen Häusern schätzt Frapin eine leichte »Rauchigkeit« an der Innenseite der Fässer.

SORTIMENT

VS/DREI STERNE

VSOP GRANDE CHAMPAGNE

NAPOLÉON GRANDE CHAMPAGNE

V.I.P. XO GRANDE CHAMPAGNE

DOMAINE FRAPIN VIEILLE GRANDE CHAMPAGNE

CHÂTEAU FONTPINOT GRANDE CHAMPAGNE TRÈS VIEILLE RÉSERVE DU CHÂTEAU

EXTRA RÉSERVE PATRIMONIALE PIERRE FRAPIN GRANDE CHAMPAGNE

CUVÉE RABELAIS

Wenn der Cognac ausreichend Tannine aufgenommen hat, wird er in ältere Fässer umgefüllt. Während des Reifungsprozesses werden die Fässer entsprechend ihres Reifegrades vom Erdgeschoß (feuchte Luft) in höher gelegene Lagerhallen (trockene Luft) verlegt. Das Unternehmen ist zu Recht stolz auf seine umfangreichen Bestände, die einen hohen Qualitätsstandard des Sortiments gewährleisten. Béatrice Cointreau weist darauf hin, daß die Familie Frapin sehr langlebig ist und bereits heute für die noch nicht geborenen Enkel und Urenkel Lagerbestände angelegt werden.

Eine assoziierte Firma (Château Paulet) nimmt für Frapin die Abfüllung vor, wobei oft auserlesene Flaschen Verwendung finden. Der V.I.P. XO ist in einer eleganten Glaskaraffe im Stil des 16. Jahrhunderts abgefüllt, die mit einem luxuriösen Boden aus 24-karätigem Gold sowie einem passenden Verschlußpfropfen ausgestattet ist; die Karaffe des Frapin Extra hingegen besteht aus edlem Kristallglas. Der Cuvée Rabelais wird in einer Bakkarat-Kristallkaraffe präsentiert, in die mit 24-karätigem Gold Embleme im Renaissancestil eingraviert sind.

Frapin-Cognac wird in 50 Ländern verkauft: 55 % in Europa, 35 % in Asien und 10 % in Amerika. Der Cognac wurde bereits mehrfach ausgezeichnet: Bei der International Wine and Spirit Competition 1993 erhielt der Domaine Frapin die Bronzemedaille, der V.I.P. XO 1996 die Silbermedaille, und im selben Jahr zeichnete das Beverage Testing Institute in Chicago den Extra mit der Platinmedaille und den Château Fontpinot mit der Silbermedaille aus.

Der VS / Drei Sterne ist der einzige Cognac aus dem Hause Frapin, der nicht aus der Grande Champagne, sondern aus den Fins Bois stammt. Er wird überwiegend in Skandinavien verkauft.

EXTRA RÉSERVE PATRIMONIALE
PIERRE FRAPIN GRANDE CHAMPAGNE

Verkostungsnotizen

VSOP Grande Champagne

Milder, klarer Duft, honigartig, mit einem Anflug von Rauch; am Gaumen angenehme Frucht, leicht strenger Abgang; ausgeglichen. **Passabel** für das Alter von zehn Jahren

Domaine Frapin Vieille Grande Champagne

(Ein Jahr in neuer Eiche gereift)

Weicher, stilvoller Duft von guter Qualität, ziemlich rauchig; am Gaumen angenehmer Stil mit mittlerer Länge, entspricht dem Durchschnittsalter von 18–20 Jahren. **Gut bis sehr gut**

Château Fontpinot Grande Champagne Très Vieille Réserve du Château
(41 Vol.-% Alkohol)

(Durchschnittliche Fasslagerung von 18–20 Jahren, davon 6 Monate in neuer Eiche)

Vielschichtiger Geschmack, härterer Stil als Domaine Frapin, alkoholisch und langanhaltend. **Gut**

V.I.P. XO Grande Champagne

(Aus einem feuchten Keller, eine Kombination von rund 35 Jahre alten Cognacs)

Duft von weichem, elegantem, vielschichtigem Stil; am Gaumen deutliche Frucht und wahre Länge; ausgeglichen. **Sehr gut**

Extra Réserve Patrimoniale Pierre Frapin Grande Champagne

Reicher, vielschichtiger Geschmack mit Rancio-Charakter und mittlerer Länge. Ein Cognac für den Abend, wohingegen der V.I.P. XO mittags genossen werden kann. **Außergewöhnlich**

Cuvée Rabelais

(Ein Verschnitt aus Ugni Blanc und Folle Blanche, von dem es nur 500 Flaschen gibt)

Weicher Duft von wahrhaft gehaltvoller, angenehmer Frucht; am Gaumen sehr elegant, vielschichtig und tief; ausgezeichnete, rauchige Fülle; langanhaltend. **Außergewöhnlich**

GABRIEL et ANDREU

Château de Bonbonnet, 16130 Ars
Tel.: (0033–1) 30 24 52 48
Besucher: montags bis freitags, 9.00–12.00 und 14.00–17.00 Uhr
oder nach Vereinbarung

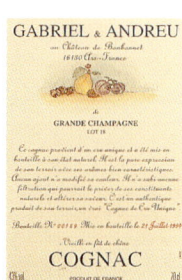

Ars liegt in der Petite Champagne südlich von Cognac. Das Unternehmen Gabriel et Andreu produziert vier Cognacs aus jeweils nur einer Lage. Es möchte so die besonderen Eigenschaften der einzelnen Anbaugebiete betonen. Während die meisten Cognac-Häuser Destillate aus verschiedenen Lagen verschneiden, arbeitet der Hersteller Gabriel et Andreu mit den führenden Weinbauern der jeweiligen Anbaugebiete zusammen. Chemische Unkrautvernichtungsmittel werden nicht verwendet und entsprechend geringere Ernten in Kauf genommen. Der Großteil der Ernte stammt von älteren Weinstöcken.

Der Wein wird mit Bodensatz destilliert, um die Aromen und die Komplexität soweit wie möglich zu bewahren. Die

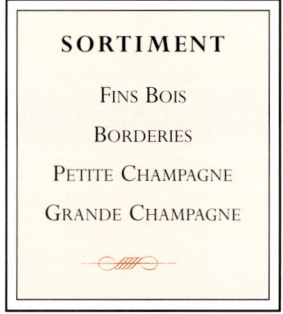

SORTIMENT

Fins Bois

Borderies

Petite Champagne

Grande Champagne

Fins Bois

Destillation findet im Dezember statt, damit der frische Wein seine klare Frucht und die blumigen Aromen beibehält. Das Destillat reift in Limousineiche, die dank ihrer groben Maserung die Reifung von weichen, feinen Cognacs ermöglicht. Karamel wird nicht zugefügt.

Für die Herabsetzung der Alkoholstärke werden über einen Zeitraum von drei Jahren alle vier bis sechs Monate kleine Mengen destilliertes Wasser zugegeben. Jede Flasche ist einzeln numeriert, und die Parzelle sowie das Abfülldatum sind auf dem Etikett verzeichnet.

Verkostungsnotizen

BORDERIES

Mittlerer, ockerfarbener Kern mit zitronenfarbenem Rand; holziger, weicher Fruchtduft, Haselnüsse und Jasmintöne; angenehme Frucht, mittlere Länge, mit ziemlich strenger Schärfe im Abgang. Abgefüllt am 20. Februar 1996.
Passabel bis gut

PETITE CHAMPAGNE

42 Vol.-% Alkohol. Mittlere Strohfarbe im Kern und langer, heller zitronenfarbener Rand; leichte, feine Frucht, blumig, ansprechender Duft; stilvoller, leicht fruchtiger Geschmack, Aprikosen und Haselnüsse, keine strengen Töne, mittlere Länge. Abgefüllt am 20. Februar 1996. **Sehr gut**

GRANDE CHAMPAGNE

43 Vol.-% Alkohol. Mittlere Ockerfarbe im Kern mit hellem zitronenfarbenem Rand; ansprechender, deutlich fruchtiger Duft, rauchig, Vanille, vielschichtig, Geschmack von Früchten, ziemlich gehaltvoll, elegant, mittlere Länge, leicht strenge Schärfe. Abgefüllt am 29. Mai 1996.
Sehr gut

PETITE CHAMPAGNE

GAUTIER

Le Moulin du Château, 28 rue des Ponts,
B.P. 3, 16140 Aigre
Tel.: (0033–5) 45 21 58 68
Besuche nach Vereinbarung

Charles Gautier heiratete 1644 in Aigre die Tochter eines Weinproduzenten. Ihr Enkel Louis erhielt 1755 die königliche Vollmacht für die Produktion von Cognac. Die von Ludwig XV. unterzeichnete Urkunde befindet sich bis heute im Hauptsitz. Seit jener Zeit wird die Firma von direkten Nachkommen der Gautier-Familie geführt.

Gautier kauft in den vier besten Lagen der Cognac-Region ein, d. h. er spart die Bons Bois und die Bois Communs aus. Das Unternehmen besitzt keine eigenen Brennblasen, sondern kauft junge Destillate und baut sie in Limousin- und Tronçaiseiche in den Lagerhallen in Aigre aus. Dort ist die Temperatur konstant und die Verdunstung dank der Feuchtigkeit sehr gering.

94% der Produktion werden in mehr als 65 Länder exportiert, insbesondere in die Russische Föderation, die USA, nach Kanada, Taiwan, Japan, Südkorea, Polen, Belgien, Großbritannien und in die Niederlande. Vor dem Ersten Weltkrieg sah man nicht selten von Pferden gezogene Wagen mit den Wappenschildern namhafter Kunden durch die Tore rollen, um Keller in Prag, Wien und St. Petersburg zu beliefern.

Gautier verkauft jährlich eine Million Flaschen: 50% VS/Drei Sterne, 30% VSOP und 20% höherwertige Qua-

GAUTIER VSOP

Verkostungsnotizen

VSOP VIEILLE

Mittlere, gelbbraune Farbe; mild, Duft von gerösteten Mandeln; am Gaumen weiche, angenehme Frucht. **Passabel bis gut**

XO GOLD

Mittlere, gelbbraune Farbe im Kern mit langem, zitronenfarbenem Rand; sehr stilvoll, deutlich holzige Frucht, Duft entfaltet viele Töne wie Aprikosen und Vanille; milder, deutlich fruchtiger Geschmack, keine strengen Töne, gute Länge. **Sehr gut**

TRADITION RARE

Mittlere, gelbbraune Farbe im Kern; angenehmer, stilvoller Duft von gerösteten Mandeln; eleganter Fruchtgeschmack, gute Länge, geschmeidig. **Sehr gut**

litäten, jeweils mit 40 Vol.-% Alkohol. Das Sortiment ist vielfach ausgezeichnet worden: 1989 erhielt der VSOP die Bronzemedaille bei der International Wine and Spirit Competition in Großbritannien, der Napoléon 1993 die Bronzemedaille; 1993 wurde dem XO bei der Vinexpo die silberne Auszeichnung verliehen, und 1994 gewann der XO Gold die Bronzemedaille bei der International Wine and Spirit Competition.

SORTIMENT

VS/DREI STERNE

VSOP

NAPOLÉON

XO GOLD

TRADITION RARE

GAUTIER XO GOLD

COGNAC GAUTIER

TRADITION RARE

GAUTIER-GESCHENKBOX

Paul GIRAUD

16120 Bouteville
Tel.: (0033–5) 45 97 03 93
Besucher: täglich 13.30–17.30 Uhr, geführte Touren nach Vereinbarung

Die Familie Giraud baut seit 1650 Wein an. Ihre Weinberge liegen im östlichen Teil der Grande Champagne bei den Dörfern Bouteville und St. Même les Carrières. Von den 35 Hektar sind 30 Hektar in Familienbesitz, der Rest ist gepachtet.

Im Ertrag stehen fast ausschließlich Ugni Blanc-Trauben. Lediglich 5 % entfallen auf Folle Blanche-Trauben, die nach Meinung von Paul Jean Girauds Vater ein besseres Destillat ergeben, jedoch leichter verfaulen. Die Weinstöcke sind im Abstand von 1,2 Metern und mit drei Meter Reihenabstand gesetzt. Da der Grund sehr steinig ist, wird zum Einpflanzen der Weinstöcke eine Wasserdruck-Drillmaschine eingesetzt.

Giraud erntet nach wie vor von Hand. Nach seiner Schätzung werden in der Grande Champagne nur noch 2 % der Trauben von Hand gelesen. Früher brachten spanische Arbeiter aus Südfrankreich die Ernte ein, heute tun dies die Bauern selbst.

PAUL GIRAUD VSOP

Giraud gehört zu den etwa 20 Landwirten in der Cognac-Region, die biologische Methoden bevorzugen und mit einem Minimum an chemischen Hilfsmitteln auskommen. Eine sechs Hektar große Fläche wird versuchsweise ausschließlich biologisch bearbeitet, verwendet werden nur Schwefeldioxyd und zwei Kupfersulfatsprays. Daß mit biologischen Methoden gearbeitet wird, darf auf dem Etikett nicht vermerkt werden, da die anderen Weinberge nicht entsprechend bewirtschaftet werden. Giraud hält die komplette Umstellung auf biologische Methoden für zu riskant, da feuchte Witterung den Einsatz von Chemikalien erfordert.

SORTIMENT

VSOP

NAPOLÉON

VIEILLE RÉSERVE XO

TRÈS RARE

Während des Preßvorgangs bleiben die Stiele unversehrt. Für 8 bis 10 % des Weins verwendet Giraud natürliche Hefe, die ihn auch bei kalter Witterung bis zur Destillation in gutem Zustand hält. Gewöhnlich aber wartet Giraud, bis die malolaktische Gärung abgeschlossen ist, und brennt den Wein dann in zwei 1950 gekauften Brennblasen (14 Hektoliter Fassungsvermögen) und in einer 1962 angeschafften Brennblase (18 Hektoliter Fassungsvermögen). Der Wein wird zunächst mit

PAUL GIRAUD VIEILLE RÉSERVE XO

Verkostungsnotizen

VSOP

Alkoholischer Fruchtduft; der Geschmack hat eine ziemlich strenge, alkoholische Schärfe. **Passabel**

NAPOLÉON

Angenehme, wärmende Frucht, einladender Duft, der »Blumen und Frucht« verbindet; warmer, geschmeidiger Geschmack mit guter Frucht; die mittlere Länge zeigt das Durchschnittsalter von 15 Jahren.
Gut bis sehr gut

VIEILLE RÉSERVE

Weicher, feiner, süßlicher Duft; am Gaumen geschmeidige, honigartige Frucht; mittel bis lang anhaltend entsprechend dem Durchschnittsalter von 25 Jahren. **Sehr gut**

TRÈS RARE

Sehr weicher und komplexer Duft, warmer, mittellanger Geschmack mit leicht pfeffriger Schärfe im Abgang; dem Alter von 35 Jahren angemessen.
Sehr gut

einem »chauffe-vin« auf maximal 30 °C vorgewärmt. Innerhalb von 24 Stunden brennt Giraud ihn zweimal, und da er die Brennblasen mit Gas erhitzt, muß er beim ersten Vorgang alle sieben Stunden kontrollieren. Die Destillation erfolgt mit Bodensatz. Das kann zu Komplikationen führen, da eine zu große Menge dem Rohdestillat einen »gekochten« Beigeschmack verleiht. Giraud baut den Cognac mit voller Stärke aus und zieht dafür Limousineiche vor (30 % neue Holzfässer, abgelagerte von hoher Qualität), die lange Reifung erfolgt in sehr feuchten Lagerhallen. In diesen »Chais« verliert der Cognac im Laufe eines Jahrzehnts 20 Vol.-% Alkohol. Giraud fügt kein »boisé« hinzu.

Das Unternehmen hat zehn Jahre lang Hennessy und 20 Jahre lang Rémy Martin beliefert. Cognacs unter eigenem Namen werden vor allem nach Japan, Deutschland, in die USA und die Niederlande verkauft. Die Auszeichnungen schließen eine Goldmedaille beim Basle Concours International de Spiriteux 1981 für den Napoléon und eine Distinction d'Honneur bei der gleichen Veranstaltung für den Vieille Réserve ein.

GODET FRÈRES

> 1 RUE DU DUC, B.P. 41, 170003 LA ROCHELLE
> TEL.: (0033–5) 46 41 10 66
> *Besucher: montags bis freitags, 14.30–16.30 Uhr*

Im Jahr 1550 ließ sich der niederländische Kaufmann Bonaventure Godet im Hafen von La Rochelle nieder und begann mit dem Handel von Wein und Salz aus der Region. Sein Nachkomme Augustin Godet belieferte 1730 den dänischen und englischen Hof mit Cognac. Im Jahr 1782 wurde das Unternehmen Godet Frères gegründet und wird heute von der achten Generation geleitet.

Jungen Cognacs kauft Godet Frères zu 50% in der Grande Champagne, zu jeweils 20% in den Fins Bois und den Borderies, und der Rest stammt aus den Bons Bois und der Petite Champagne. Der Alkoholgehalt der Destillate reduziert sich auf natürliche Weise. Der Cognac reift ausschließlich in Tronçaiseiche, davon 30% in neuen Fässern.

Verkostungsnotizen

EXCELLENCE

Helle, gelbbraune Erscheinung; feiner, fruchtiger Vanilleduft; am Gaumen weiche Frucht (Kirschen) mit einem Hauch Trüffel, ziemlich feuriger Abgang.
Gut

RÉSERVE DE LA FAMILLE EXTRA VIEILLE GRANDE CHAMPAGNE

Bernsteinfarbener Kern mit breitem, hellem zitronenfarbenen Rand; rauchiger Fruchtduft, butterartig und Rancio; am Gaumen deutliche, weiche Frucht mit wahrem Stil, langanhaltend, relativ reich, ausgeglichen. **Sehr gut**

GODET FRÈRES EXCELLENCE

Das Cognac-Verzeichnis

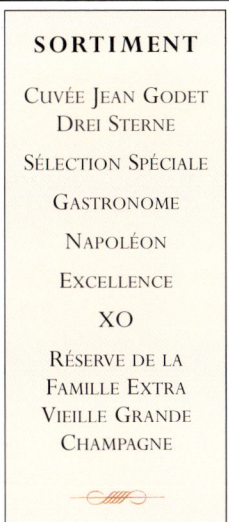

SORTIMENT

Cuvée Jean Godet
Drei Sterne

Sélection Spéciale

Gastronome

Napoléon

Excellence

XO

Réserve de la
Famille Extra
Vieille Grande
Champagne

Die jährliche Produktion beträgt eine Million Flaschen und wird zu etwa 95 % exportiert.

Godet Frères sicherte sich für die Marke Excellence die Goldmedaille bei der Bruxelles Monde Sélection 1990 und fünf Jahre später die Silbermedaille bei der International Wine and Spirit Competition in Großbritannien. Der XO gewann bei der Bruxelles Monde Sélection 1994 die Goldmedaille. Der Cuvée Jean Godet Drei Sterne ist ein Verschnitt aus den Fins Bois, Borderies und Bons Bois. Auf ihn entfallen 15 % der Verkäufe. Der Sélection Spéciale ist ein Verschnitt aus sechs bis acht Jahre alten Cognacs aus den Bons Bois und Fins Bois. Er wird als »mild und leicht holzig« mit einem Anflug von Früchten beschrieben, ist ein hochwertiger VSOP und macht die Hälfte der Verkäufe aus.

Gastronome wurde 1902 eingeführt – ein Verschnitt aus der Grande und Petite Champagne, auf den 5 % der Verkäufe entfallen. Napoléon ist ein Verschnitt aus mehr 15 Jahre alten Cognacs aus den Fins Bois, Borderies und Bons Bois. Excellence wurde aus 25 Jahre altem Grande Champagne, Borderies und Petite Champagne verschnitten und macht ein Fünftel der Verkäufe aus. Der XO ist ein Verschnitt aus 30 Jahre altem Grande und Petite Champagne (5 % der Verkäufe). Der über ein halbes Jahrhundert alte Grande Champagne ist die Spitzenmarke von Godet Frères.

RÉSERVE DE LA FAMILLE EXTRA VIEILLE
GRANDE CHAMPAGNE

Léopold GOURMEL

> La Couture, B.P. 16130 Genté, Cognac
> Tel.: (0033–5) 45 83 76 60
> *Besucher: täglich nach Vereinbarung*

Léopold Gourmel wurde erst in den späten 70er Jahren dieses Jahrhunderts von Pierre Voisin und Olivier Blanc gegründet, zuvor hatte Voisin viele Jahre nur »hobbymäßig« verschnitten. Das in Genté südlich von Cognac ansässige Unternehmen wurde 1990 an eine Bank verkauft, von Blanc 1993 aber wieder zurückgekauft.

Mit Ausnahme der alten Bestände wird der Cognac Gourmel aus den Weinen eines 33 Hektar großen Weinbergs bei Hiersac in den Fins Bois produziert. Kultiviert wird ausschließlich Ugni Blanc, mit Colombard und Folle Blanche wird lediglich experimentiert.

SORTIMENT

Age du Fruit

Age des Fleurs

Age des Épices

Quintessence

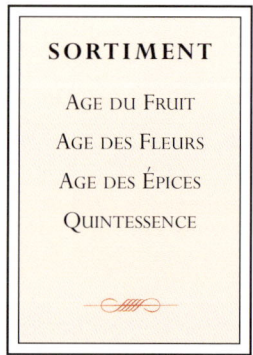

AGE DES ÉPICES FINS BOIS

Das Eichenholz wird sorgfältig ausgewählt. Ein Böttcher fertigt die Fässer in Segonzac, und einige Faßdauben werden an andere Böttcher weiterverkauft. Die Destillation dauert bis Ende Februar, und das junge Destillat reift bis zu sechs Monaten in neuem Holz. Ausschließlich Tronçaiseiche findet Verwendung; das Holz wird nordwestlich von Bourges und östlich von Amboise ausgesucht.

Das Destillat reift fünf Jahre mit einem Alkoholgehalt von etwa 68 Vol.-%, der nach und nach mit einer Mischung aus Cognac und destilliertem Wasser herabgesetzt wird. Weder »boisé«, Karamel noch Sirup werden hinzugefügt.

Das Unternehmen respektiert althergebrachte Traditionen, daher werden die Trauben weiterhin von Hand gelesen. Blanc hofft, bald Jahrgangs-Cognacs anbieten zu können.

Verkostungsnotizen

AGE DU FRUIT

Leuchtende, mittlere Strohfarbe; blumiger Duft mit elegantem Stil, aber leicht alkoholischer Öligkeit; am Gaumen geschmeidige, angenehme Frucht mit passabler Säure; mittlere Länge, die das Alter von acht Jahren reflektiert.
Passabel bis gut

AGE DES FLEURS

Leuchtender Kern in mittlerer Strohfarbe mit ockerfarbenem Rand; Duft anfänglich matt; am Gaumen warme Frucht, aber spritziger Abgang.
Passabel bis gut

AGE DES ÉPICES

Leuchtender Kern in mittlerer Strohfarbe mit ockerfarbenem Rand; schwerer Fruchtduft, ölig, relativ reicher Geschmack, der seinen durchschnittlich 20 Jahren entspricht, schwere Frucht.
Gut

QUINTESSENCE

Heller, gelbbrauner Kern mit breitem ockerfarbenem Rand; schwerer Duft im Rancio-Stil, verweist auf über 30 Jahre Reifung; geschmeidige, angenehme Frucht, leichter Mandelgeschmack.
Passabel bis gut

GOURSAT-GOURRY de Chadeville

> DOMAINE DE CHADEVILLE, 67 RUE GASTON BRIAND,
> 16130 SEGONZAC
> TEL.: (0033–5) 45 83 39 49
> *Besuche nach Vereinbarung*

Die Domaine de Chadeville ist seit 1619 im Besitz der Familie Gourry und damit in der Region das älteste Cognac-Haus in Familienbesitz. Es liegt bei Segonzac im Zentrum der Grande Champagne. Jährlich produziert Goursat-Gourry aus den Ugni Blanc-Trauben des eigenen Weinbergs rund 800 Hektoliter Wein. Er hat zunächst einen Alkoholgehalt von knapp 9 Vol.-% und wird vor Ort destilliert.

Pierre Goursat-Gourry kontrolliert die Reifung des Cognacs. Der Weinbrand lagert in 15–20 Jahre alten Linousinholzfässern, da Goursat-Gourry die Zimt- und Vanillearomen bewahren möchte. Jährlich werden 10 000 Flaschen verkauft: 5000 VSOP (acht Jahre), 3000 Très Vieux (25 Jahre) und 2000 XO (35 Jahre). Die Abnehmerländer sind Frankreich, Deutschland, die USA und Asien.

SORTIMENT

VSOP CHADEVILLE

TRÈS VIEUX

XO

XO GRANDE CHAMPAGNE

Verkostungsnotizen

GOURSAT-GOURRY VSOP CHADEVILLE

Bernsteinfarbener Kern; Holz-/ Vanilleduft mit etwas Frucht; am Gaumen holzige Frucht; gefälliger Stil, mittlere Länge. **Gut**

GOURSAT-GOURRY XO
(KORKEN MIT SIEGEL-LACKVERSCHLUSS)

Heller, mahagonifarbener Kern, schmaler, ockerfarbener Rand; Duft von Marzipan und etwas Holz; mittlere Länge.
Passabel bis gut

GOURSAT-GOURRY TRÈS VIEUX
(KORKEN MIT SIEGEL-LACKVERSCHLUSS)

Tiefkaramelfarbener Kern mit hellem Ockerrand; alkoholischer, fruchtiger Duft mit etwas Holz; am Gaumen unreife, leicht derbe Frucht, zu alkoholisch.
Passabel

VSOP GRANDE FINE CHAMPAGNE

UGNI BLANC-TRAUBEN

GUERBÉ

Maison Guerbé et Cie, 16130 Juillac-le-Coq
Tel.: (0033–5) 45 83 67 06
Besucher: montags bis freitags, 9.00–12.00 und 14.00–18.00 Uhr
nach Vereinbarung

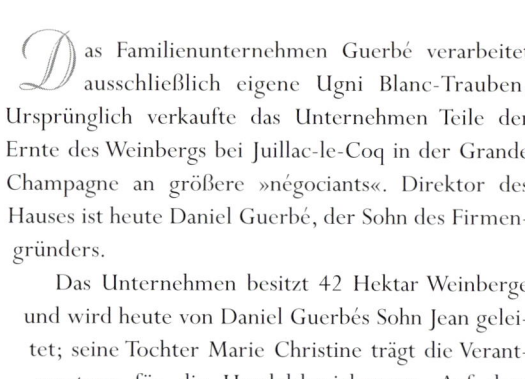

Das Familienunternehmen Guerbé verarbeitet ausschließlich eigene Ugni Blanc-Trauben. Ursprünglich verkaufte das Unternehmen Teile der Ernte des Weinbergs bei Juillac-le-Coq in der Grande Champagne an größere »négociants«. Direktor des Hauses ist heute Daniel Guerbé, der Sohn des Firmengründers.

Das Unternehmen besitzt 42 Hektar Weinberge und wird heute von Daniel Guerbés Sohn Jean geleitet; seine Tochter Marie Christine trägt die Verantwortung für die Handelsbeziehungen. Auf dem Anwesen Logis de Puyguiller werden jährlich gut 5800 Hektoliter Wein destilliert.

Der Ausbau der Destillate erfolgt ausschließlich in Limousineiche – die ersten sechs Monate in neuen Holzfässern aus der Böttcherei M. Allary in Archiac, danach in Fässern mit einem Durchschnittsalter von zehn Jahren.

VSOP GRANDE CHAMPAGNE

Das Cognac-Verzeichnis

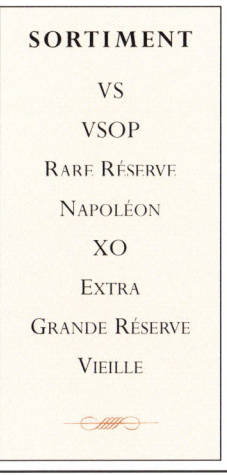

Guerbé verkauft jährlich etwa 3000 Flaschen VS, 17 000 Flaschen VSOP, 16 000 Flaschen Rare Réserve, 1700 Flaschen Napoléon, 35 000 Flaschen XO und Extra, 1000 Flaschen Grand Réserve und 500 Flaschen Vieille Grande Champagne. Zusätzlich werden 5000 Flaschen Pineau des Charentes produziert, der von Guerbé sowohl als Aperitif als auch zu bestimmten Gerichten empfohlen wird. Verkauft wird u. a. in Frankreich, Deutschland, Schweden und Taiwan. Bei einem Wettbewerb gewann Guerbé 1993 für einen alten Grande Champagne den vierten Preis.

VS GRANDE FINE CHAMPAGNE

Verkostungsnotizen

VS Grande Champagne

Helle Strohfarbe; eleganter, gefälliger, fruchtiger Duft; am Gaumen warme, stilvolle Frucht, mittlere Länge. **Sehr gut**

VSOP Grande Champagne

Gelbbraune Farbe, leichter, fruchtiger Duft mit Pflaumenaroma; weicher, fruchtiger Geschmack, feuriger Hauch, mittlere Länge. **Gut**

Rare Réserve Grande Champagne

Strohfarben mit langem, hellbraunem Rand; Duft von öligen Aromen; am Gaumen weiche, gefällige Frucht mit feuriger Schärfe im Abgang. **Passabel bis gut**

XO Grande Champagne
(Wie der Rare Réserve in eine attraktive, herzförmige Karaffe abgefüllt)

Heller, gelbbrauner Kern mit langem, hellockerfarbenem Rand; Duft von Vanille und weicher Frucht, vielschichtig; gefälliger weicher, deutlich fruchtiger Geschmack, vielschichtig; wahre Qualität und gute Länge. **Außergewöhnlich**

XO GRANDE CHAMPAGNE

A. HARDY

142 rue Basse de Crouin, B.P. 27, 16101 Cognac
Tel.: (0033–5) 45 82 59 55
Keine Besuche möglich

Anthony Hardy gründete das Unternehmen 1863. Der Londoner Importeur verlagerte seinen Wohnsitz nach Cognac, um seine Bestände besser kontrollieren zu können. Seine Familie leitet die Firma heute in der fünften Generation. Als im späten 19. Jahrhundert aufgrund von Steuererhöhungen in England der Absatz zurückging, schloß Hardy sein Londoner Büro und konzentrierte sich auf den mitteleuropäischen Markt (Wien, Prag, Berlin), Oslo und Rußland. Einige Zeit belieferte das Unternehmen die russischen Zaren mit einem speziellen »Cognac de l'Alliance«.

Ursprünglich besaß die Familie Weinberge, doch inzwischen hat sich das Unternehmen auf den Ankauf und die Destillation von Wein spezialisiert.

Die jährliche Produktion des Unternehmens beläuft sich auf 1,5 Millionen Flaschen. Als kleiner Familienbetrieb kann Hardy es sich leisten, nach den Vorlieben der Kundschaft zu verschneiden. Die Weine für den VS stammen aus den Fins Bois (früh reifende Qualitäten verleihen Rundheit) und den Borderies (zur Verbesserung von Bukett und Aromen). Mit dem Flaschenetikett verhält es sich traditionell wie mit den Visitenkarten des Hauses: Bei persönlichen Freunden des Hauses wird eine Ecke umgeknickt. Der VSOP zeichnet sich durch eine 10jährige Reifung im Faß aus und trägt das Symbol des Hauses – den Hahn.

VSOP FINE CHAMPAGNE

Der XO ist nach Hardys Auffassung gewissermaßen das Aushängeschild des Hauses. Er wird aus 25 Jahre alten Cognacs verschnitten, die jeweils aus zentral gelegenen Gebieten der Grande und Petite Champagne stammen.

Noces de Diamants besteht ausschließlich aus lange gereiften Cognacs aus der Grande Champagne. Er wird mindestens 60 Jahre ausgebaut. Der Noces de Perle ist mindestens 30 Jahre alt und stammt ebenfalls aus der Grande Champagne. Sowohl Perle- als auch Diamants-Cognacs werden in Kristallkaraffen abgefüllt. Hardys bester Qualitätscognac, Perfection, enthält Cognac, der noch vor dem Einfall der Reblaus Phylloxera, also vor 1870, destilliert wurde. Perfection gelangt nur alle 10 bis 20 Jahre in den Handel und wird mit einem Alkoholgehalt von 41 Vol.-% abgefüllt.

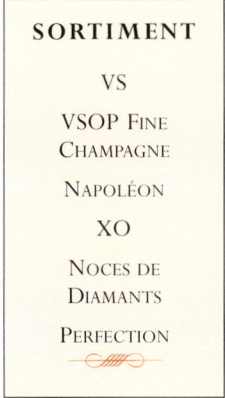

SORTIMENT

VS

VSOP FINE CHAMPAGNE

NAPOLÉON

XO

NOCES DE DIAMANTS

PERFECTION

Verkostungsnotizen

A. HARDY VSOP FINE CHAMPAGNE

Tiefgoldener Kern mit breitem Ockerrand; einladender Duft von Holz und Früchten mit leichtem Rancio-Charakter; leicht fruchtiger Geschmack, kurze Länge. **Gut**

A. HARDY »RED CORNER« DREI STERNE

Heller, gelbbrauner Kern, langer heller Ockerrand; am Gaumen angenehme Frucht, Vanille, mittlere Länge. **Passabel bis gut**

VS »RED CORNER«

JAS. HENNESSY

1 rue de la Richonne, 16101 Cognac
Tel.: (0033–5) 45 35 72 72

Besucher: von Januar bis Mai und Oktober bis Dezember montags bis freitags, 8.30–11.00, 13.45–16.30 Uhr; Juni bis September montags bis samstags 9.30–17.30 Uhr (außer an Feiertagen); Führungen in mehreren Sprachen

Die Firma Hennessy wurde 1765 von dem Iren Richard Hennessy, der im Regiment des französischen Königs Ludwig XV. diente, gegründet. Seine ersten Warensendungen hatten Irland und England zum Ziel, und bereits im folgenden Jahr wurden mehr als 150 000 Flaschen in die französischen Kolonien nach Amerika verschifft.

Als Richard Hennessys Sohn Jacques die Leitung des Unternehmens übernahm, gab er ihm den Namen Jas. Hennessy. Seither wird es in der sechsten Generation von den Nachkommen des Firmengründers geleitet – der heutige Direktor ist Henri de Pracomtal. 1971 schloß sich Jas. Hennessy mit dem Champagnerkonzern Moët & Chandon und mit Christian Dior zusammen. Gemeinsam mit Louis Vitton entstand der Konzern LVMH, der auf Luxusgüter spezialisiert ist – ihm gehört übrigens auch Hine Cognac.

Jas. Hennessy hat stets sehr erfolgreich exportiert. Im Jahr 1794 wurden erstmals Waren nach New York verschifft, vier Jahre später folgten erste Lieferungen nach Deutschland. Der spätere britische König George IV. orderte

HENNESSY PRIVILÈGE VSOP

1817 bei Hennessy einen »ausgezeichnetes old pale eau-de-vie aus Cognac«, woraus dann der VSOP entstand. Maurice Hennessy war der erste in der Stadt, der Cognac in Flaschen abfüllte, und auf ihn geht die Güteklassenbezeichnung durch Sterne zurück, die aus dem Jahr 1865 stammt und sich schnell in der Branche durchsetzte.

Die Spitzenqualität XO wurde 1870 entwickelt, und zwei Jahre später folgten erste Lieferungen nach China und Irland. Die charakteristische Karaffenform wurde 1947 eingeführt. In jüngerer Zeit hat Hennessy mehrere Cognacs kreiert: Paradis (1979) und 1995 noch vier weitere Sorten: Choice (für China), Bras d'Or und Extra (duty-free) und Privé (für Japan). Zu Ehren des Firmengründers wurde 1996 der Cognac Richard Hennessy in den Handel gebracht.

Jas. Hennessy gebührt eine Vorreiterrolle bei der Entwicklung von Qualitätskontrollen für Cognac und Werbestrategien: Während der deutschen Besatzung im Zweiten Weltkrieg gründete das Unternehmen das »Bureau de Répartition du Cognac«, aus dem sich das heutige Bureau National Interprofessionnel du Cognac (BNIC) entwickelt hat.

Die Firma Hennessy und Mitglieder der Familie besitzen insgesamt etwa 630 Hektar Weinberge, das gewonnene Destillat deckt aber nur gut 2 % des Bedarfs. Obwohl die Trauben sehr ertragreich sein können (z. B. 21,3 Hektoliter pro Hektar 1996), liegt die für die Cognacerzeugung erlaubte Menge manchmal weit niedriger (11,5 Hektoliter pro Hektar).

HENRI DE PRACOMTAL, DIREKTOR VON JAS. HENNESSY

Das Cognac-Verzeichnis

DER COGNAC RICHARD HENNESSY IN EINER
ST. KOUIS-KRISTALLKARAFFE

Bei Jas. Hennessy stehen 2600 Weinbauern unter Vertrag, die durch das firmeneigene Labor für Forschungs- und Qualitätskontrolle überprüft werden, das es seit den 50er Jahren gibt. So bleibt das reine Aroma der Weine garantiert, die fast ausschließlich aus Ugni Blanc-Trauben gewonnen und bei 20–25 °C fünf bis sechs Tage gegärt werden. Diese Sorte reift spät und muß daher schnell gelesen werden, deshalb hat sich die mechanische Ernte durchgesetzt. Das Pressen erfordert nur ein bis zwei Stunden; die Stiele bleiben intakt.

Die Destillation erfolgt in 27 Brennereien, von denen drei Hennessy gehören: Zwei liegen in den Randgebieten Cognacs, die dritte bei Juillac-le-Coq im Herzen der Grande Champagne. Das Unternehmen destilliert grundsätzlich ohne Bodensatz, verwendet aber einen »chauffe-vin«, um Energie zu sparen. Der Wein wird während der letzten beiden Stunden der Destillation erhitzt.

Für die Ausbaufässer wird ausschließlich Limousineiche von mindestens 100 Jahre alten Bäumen ausgewählt. Um den Bedarf auch in

Zukunft decken zu können, hat die Firma 450 Hektar Waldfläche in Zentralfrankreich erworben, deren Baumbestand ab dem Jahr 2020 etwa verarbeitet werden kann.

1972 erwarb Hennessy die Böttcherei Taransaud, die seit 1672 existiert. Die Böttcher lagern die grobgemaserte Limousineiche drei Jahre, bevor sie 32 Dauben für jedes Faß auswählen. In dieser Zeit entwickelt das Holz sein Vanillearoma. Dann wird jedes Faß 12–14 Minuten über einem Feuer erhitzt, um dem Cognac einen mittleren bis starken »rauchigen« Charakter zu geben. An dieser Arbeit ist auch die Böttcherei Garnier beteiligt, die sich ebenfalls im Besitz von Jas. Hennessy befindet.

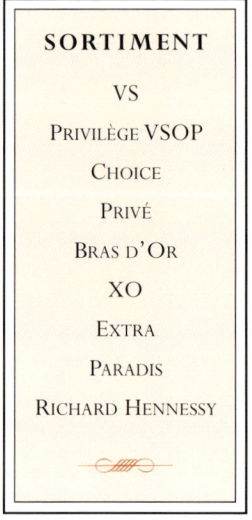

SORTIMENT

VS

PRIVILÈGE VSOP

CHOICE

PRIVÉ

BRAS D'OR

XO

EXTRA

PARADIS

RICHARD HENNESSY

Das Fassungsvermögen der Fässer liegt in der Regel bei 3,5 Hektolitern für den Ausbau; für mindestens 50 Jahre gereifte Cognacs werden auch Fässer mit 5,5 Hektolitern verwendet.

Der junge Brand wird zunächst in neue Holzfässer gefüllt und in einer der 42 Hallen gelagert, wo sich insgesamt über 250 000 Fässer befinden. Hennessy erhebt den Anspruch, als einziges Cognac-Haus sowohl qualitative als auch quantitative Kontrollen der Bestände durchzuführen. Über fünf Monate hinweg kosten der Kellermeister Yann Fillioux und seine Mitarbeiter die gesamten Bestände und entscheiden über den Standort der Fässer (ob z. B. eine trockenere oder feuchtere Lagerhalle vorteilhafter ist) sowie über das Entwicklungsstadium, das für einen möglichen Verschnitt ausschlaggebend ist. Die Destillate werden mit natürlichem Alkoholgehalt gelagert, der beim Verschneiden mit destilliertem Wasser reduziert wird.

Die ältesten Bestände werden in Glasballons gelagert und stammen aus dem Jahr 1800, der älteste Cognac im Faß geht auf das Jahr 1872 zurück. Bei Jas. Hennessy selbst wird kein »boisé« zugegeben, es ist jedoch nicht auszuschließen, daß es den eingekauften Destillaten zugefügt wurde. Hennessy exportiert jährlich mehr als 2,6 Millionen Kisten – das entspricht 31,5 Millionen Flaschen. Jas. Hennessy verkauft Cognac nur in Flaschen, nicht im Faß. Mit einem Umsatz von 1,6 Milliarden DM im Jahr 1995 und einem Marktanteil von 28,5 % ist Hennessy das führende Cognacunternehmen. Exportiert wird in 120 Länder; Hauptabsatzmärkte sind die USA, Japan, China, Irland, Malaysia, Singapur, England, Deutschland und Duty-free-Geschäfte.

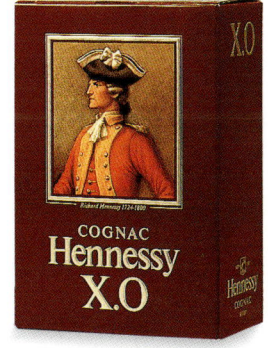

HENNESSY XO-BOX

Jas. Hennessy ist Mitinhaber des Unternehmens Cognac Davidoff, das VSOP- und Extra-Cognacs herstellt. Dazu gehören noch zwei Tochtergesellschaften: Thomas Hine de Jarnac und Monnet, das früher der Familie Jean Monnets, »dem Vater Europas« gehörte.

Besucher sind seit vielen Jahren willkommen, und 1996 wurden »Les Quais Hennessy« eröffnet. Das von Jean-Michel Hennessy geplante Museum ist den Traditionen der Cognac-Herstellung gewidmet. Die Besichtigungstour beginnt in der Regel mit einer Bootsfahrt zu den am anderen Ufer der Charente gelegenen Lagerhallen.

Markenzeichen der Firma ist das Familienwappen, das Flaschen und Etiketten ziert: ein Arm und ein Breitbeil.

HENNESSY XO

Verkostungsnotizen

VS

Leuchtender, gelbbrauner Kern mit breitem, ockerfarbenem Rand; fruchtiger Duft mit einem Hauch von Holz; am Gaumen alkoholische, wärmende Frucht, eindeutige Eiche; strenge Schärfe im Abgang.
Passabel

Privilège VSOP

Ähnliche Erscheinung wie der VS; Duft von weicher Frucht mit Holz und leicht aufdringlicher Vanille; Geschmack weich und alkoholisch, holzige Frucht, mittlere Länge mit alkoholische Schärfe im Abgang.
Passabel bis gut

Bras d'Or

Ähnliche Erscheinung wie der VS; weicher Duft mit angenehmer Frucht und rauchigem Anflug; am Gaumen leichte Frucht, aber strenge Schärfe und kurze Länge.
Passabel

XO

Recht intensiver, gelbbrauner Kern mit schmalem, deutlichem Ockerrand; gefälliger Fruchtduft mit Holztönen, rauchig, stilvoll; am Gaumen weiche Frucht, wiederum deutliche Holztöne, mittlere Länge, aber leicht strenger Geschmack im Abgang; ausgeglichen.
Gut

Extra

Ähnliche Erscheinung wie der XO; Duft von weicher, gefälliger Frucht mit gehaltvollen Sekundärtönen; am Gaumen weiche, deutliche Frucht und Extraktstoffe, ansprechende, weiche Schärfe, mittlere Länge.
Sehr gut

Paradis »Rare Cognac«

Gelbbrauner Kern mit deutlichem Ockerrand; weicher, stilvoller, leichter Fruchtduft ohne strengen Töne, deutlicher Hauch von reifem Holz; relativ gehaltvoller Geschmack, mildes und klares Holz, mittlere Länge. Dieser Cognac basiert auf sehr alten Reserven.
Sehr gut

Richard Hennessy

Mittlere, gelbbraune Erscheinung mit langem, ockerfarbenem Rand; einladender Fruchtduft, weich, geschmeidig und gefällig; weicher, stilvoller Geschmack, mild und ohne strenge Töne, langanhaltend und sehr ausgeglichen. Ein wahrhaft würdiger Cognac zu Ehren von Richard Hennessy.
Außergewöhnlich

Thomas HINE

> 16 Quai de l'Orangerie, 16200 Jarnac
> Tel.: (0033–5) 45 81 11 38
> *Keine Besuche möglich*

Thomas Hine wurde 1775 in Beaminster in Dorset (England) geboren. Er kam 1793 im Rahmen eines Sprachaustausches als Gast in eine alteingesessene Familie nach Jarnac in Frankreich. Nach dem Ausbruch der Französischen Revolution wurde Thomas Hine zusammen mit dem Schiffskapitän John Pearson, der regelmäßig Cognac verschiffte, in einem Flügel des Château de Jarnac gefangengehalten. Nach seiner Freilassung einige Monate später verliebte sich Hine in Françoise Elisabeth Delamain und heiratete sie.

Françoise Elisabeths Vater machte seinen Schwiegersohn zum Firmenpartner. Hine wurde dafür bekannt, nur die feinsten Cognacs auszuwählen, und einige Zeit später gab er dem Unternehmen seinen Namen. Er gehörte dem Gemeinderat an und wurde sogar Bürgermeister – vielleicht der erste Engländer, der in Frankreich einen entsprechenden Posten erhielt.

SIGNATURE PETITE CHAMPAGNE

Thomas Hine starb 1822. Heute leitet die sechste Generation der Familie das Unternehmen. Das Firmenlogo – ein Hirsch – wurde 1866 eingeführt. In diesem Jahr schrieb Thomas Georges Hine: »Unsere Kisten sollten nicht nur unseren Namen tragen, ich schlage vor, einen Hirsch einzuführen.«

Bis in die Mitte des 19. Jahrhunderts verschiffte Hine seinen Cognac in Fässern aus Limousineiche mit 2,7 Hektolitern Fassungsvermögen. Nach und nach stellte die Firma für den Export auf Flaschen um, sie bewahrte jedoch die Tradition, in kleinere Mengen in Fässern als »early-landed-Jahrgangs-Cognac« zu verschiffen.

Seit 1971 ist die Firma Hine in britischem Besitz. Später wurde sie dem Guinness-Konzern angegliedert, der heute zusammen mit Moët Champagne und Jas. Hennessy den Konzern LVMH bildet, der sich auf Luxusgüter spezialisiert hat.

Hine besitzt weder Weinberge noch Brennblasen. Die Firma kauft Cognac ein – je zur Hälfte sehr jungen Cognac und schon einige Jahre gereiften. Der Großteil wird in der Grande und Petite Champagne erzeugt, kleinere Menge stammen auch aus den Fins Bois. Bei Hine wird der Alkoholgehalt sofort nach der Destillation auf 60 Vol.-% reduziert, da, so Bernard Hine, der Cognac bei einem

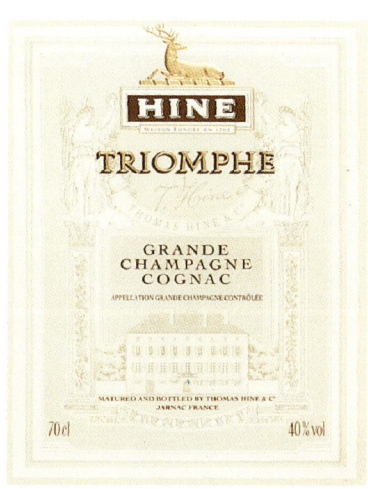

TRIOMPHE GRANDE CHAMPAGNE

Ausbau in der vollen Stärke von 70 Vol.-% zu tief in das Holz eindringen und zu große Mengen Tannin absorbieren würde.

Hine verwendet ausschließlich Tronçaiseiche. Limousineiche wählt Bernhard Hine nur zum Ausbau von früh für den Verkauf bestimmten Cognacs aus. Die meisten Fässer haben ein Fassungsvermögen von 3,5 Hektolitern, einige auch nur 2,7. Sie werden ausschließlich von Hand und ohne Einsatz von Klebstoffen oder Nägeln gefertigt. Vor der Verwendung werden sie mit heißem Wasser und mit Cognac ausgespült.

Die Lagerhalle des Unternehmens liegt in Jarnac an der Charente; die relative Luftfeuchtigkeit beträgt 80%. Der Cognac reift in den ersten acht Monaten in neuen Fässern und wird anschließend in lange gelagertem Holz ausgebaut. »Boisé« wird nicht verwendet, die Entwicklung findet daher vollkommen natürlich statt. Hine legt großen Wert auf die regelmäßige Entnahme von Proben und auf vergleichende Kontrollen der Entwicklungsstadien.

Die Kunst des Verschneidens erreicht bei Hine ein hohes Niveau. Mit großer Sorgfalt werden die individuellen Qualitäten der Aromen genutzt und mit anderen Geschmacksnoten zu einer umfassenden Harmonie und Ausgeglichenheit vereinigt. Nachdem ein Verschnitt (oder »assemblage«) vorgenommen wurde, lagert der Cognac weitere zehn bis zwölf Monate im Faß, damit die verschiedenen Komponenten verschmelzen. Vor dem Aufziehen auf mit Cognac ausgeschwenkten Flaschen wird der Cognac filtriert. Man füllt den Cognac mit einem Alkoholgehalt von 40 Vol.-% ab, anschließend wird jede einzelne Flasche gegen eine Lichtquelle gehalten und kontrolliert. Von jeder Freigabe wird eine Referenzprobe für ein Jahrzehnt aufbewahrt.

Hauptabsatzmärkte für Hine-Cognac sind Großbritannien, die USA, Deutschland, Taiwan, China und der Duty-free-Handel. Hine beliefert auch französische Fachhandlungen wie Fauchon,

FAMILY RESERVE GRANDE CHAMPAGNE

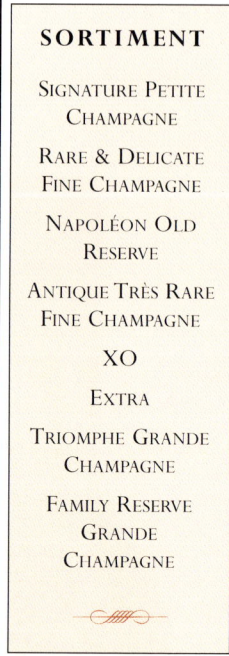

SORTIMENT

S<small>IGNATURE</small> P<small>ETITE</small>
C<small>HAMPAGNE</small>

R<small>ARE</small> & D<small>ELICATE</small>
F<small>INE</small> C<small>HAMPAGNE</small>

N<small>APOLÉON</small> O<small>LD</small>
R<small>ESERVE</small>

A<small>NTIQUE</small> T<small>RÈS</small> R<small>ARE</small>
F<small>INE</small> C<small>HAMPAGNE</small>

XO

E<small>XTRA</small>

T<small>RIOMPHE</small> G<small>RANDE</small>
C<small>HAMPAGNE</small>

F<small>AMILY</small> R<small>ESERVE</small>
G<small>RANDE</small>
C<small>HAMPAGNE</small>

Nicolas und den Savour Club, aber auch Königin Elisabeth II.

»Early-landed«-Cognac ist eine von Hines Spezialitäten. Die Tradition geht auf das 18. Jahrhundert zurück, als britische Weinhändler ein bis drei Jahre alten Cognac importierten und unter Zollverschluß in feuchten Kellergewölben in Bristol und London ausbauten.

Heute werden nach wie vor kleine Mengen auf diese Weise versendet, gelegentlich auch zur Feier bestimmter Ereignisse wie Geburten oder Hochzeiten. Hine kontrolliert die Reife und empfiehlt den Zeitpunkt der Abfüllung, der in der Regel 15–25 Jahre nach dem Versand liegt. Bei einem Vergleich von Grande Champagne-Cognacs, die in Cognac bzw. in Großbritannien gelagert wurden, wiesen erstere mehr Frucht und Tiefe, letztere dagegen größere Feinheit auf.

Die Auswahl des Jahrgangs kann bei der Entwicklung von »early-landed«-Cognac eine entscheidende Rolle spielen. Das Jahr 1952 beispielsweise war recht kalt, und die Trauben blieben säuerlich. Der entsprechende Cognac verfügt heute über eine feine Qualität, wohingegen ein wärmerer Sommer wie im Jahr 1953 einen fruchtigeren, reichhaltigeren Cognac hervorbringt. Da »early-landed« zollfrei gelagert wird, muß die als »Anteil der Engel« bezeichnete Verdunstung nicht verzollt werden, ausschlaggebend ist nur das reduzierte Volumen beim Abfüllen.

Bis vor kurzem war es den Destillateuren und Verschnittexperten der Cognac-Region nicht erlaubt, bestimmte Jahrgänge auf dem Etikett anzugeben. Seit 1988 jedoch können die Lagerhallen doppelt verschlossen werden; einen Schlüssel bewahrt der Destillateur auf, den

anderen französische Finanzbeamte. Diese Bestände lagern mindestens 15 Jahre.

Hine empfiehlt als durchschnittliche Reifezeit für Signature sechs Jahre, für Rare & Delicate zehn Jahre, für Antique 20–25 Jahre, Triomphe 45 Jahre und Family Reserve Grande Champagne 60 bis 70 Jahre. Napoléon Old Reserve und XO werden in Duty-free-Geschäften verkauft. Sowohl die Jahrgänge als auch das Abfüllalter von Hines »early-landed«-Cognacs variieren.

ANTIQUE TRÈS RARE FINE CHAMPAGNE

Verkostungsnotizen

SIGNATURE PETITE CHAMPAGNE

Heller, gelbbrauner Kern mit breitem, zitronenfarbenem Rand; am Gaumen weiche, kurze Frucht mit strengen Tönen im Abgang und kurzer Länge. **Enttäuschend**

RARE & DELICATE FINE CHAMPAGNE

Sehr heller, gelbbrauner Kern mit breitem, grünlich-zitronenfarbenen Rand; leicht blumiger Duft ohne strenge Töne; leicht fruchtiger Geschmack, dem es jedoch an Länge und Tiefe fehlt. **Passabel**

NAPOLÉON OLD RESERVE (DUTY-FREE)

Intensives Gelbbraun mit deutlichem zitronenfarbenen Rand; weiche, leichte Frucht mit rauchigem Anflug; weicher, sehr leichter Fruchtgeschmack ohne strenge Schärfe im Abgang und kurze Länge. **Passabel**

ANTIQUE »TRÈS RARE FINE CHAMPAGNE«

Heller, gelbbrauner Kern mit breitem, zitronenfarbenem Rand; fruchtiger Duft ohne strenge Töne mit rauchigem Anflug; Frucht mit weichen Holztönen, mittlere Länge. **Sehr gut**

1975 GRANDE CHAMPAGNE EARLY LANDED
(1979 VERSENDET, 1993 FÜR »THE BRISTOL BRANDY CO. LTD. BRISTOL« ABGEFÜLLT)

Tiefgoldener Kern mit breitem hellem zitronenfarbenem Rand; sehr leichter, feiner Duft; fruchtiger Geschmack, aber leicht strenge Schärfe, mangelnde Ausgeglichenheit. **Passabel bis gut**

XO

Tiefgelbbrauner Kern mit schmalem Ockerrand; weicher, ziemlich gehaltvoller, milder Fruchtduft; gefälliger Fruchtgeschmack, aber strenge Schärfe im Abgang. **Passabel bis gut**

EXTRA

Fruchtiger Duft, recht gehaltvoll, leicht honigartiges Holz; gefällige Frucht, jedoch leicht derb und alkoholisch. **Passabel bis gut**

TRIOMPHE GRANDE CHAMPAGNE

Sehr heller, gelbbrauner Kern mit langem, goldfarbenem Rand; komplexer Duft von Frucht und Eichentönen; am Gaumen Frucht und Gewürze, mittlere Länge. **Gut**

Edgard LEYRAT

LE DOMAINE CHEZ MAILLARD, 16440 CLAIX
TEL.: (0033–5) 45 66 35 72
Besucher: montags bis freitags, 8.00–17.00 Uhr

Der in Gastronomiekreisen berühmte Familienbetrieb Edgar Leyrat wird heute von der vierten Generation geführt. Die Leyrat-Weinberge liegen bei Claix in den Fins Bois und südwestlich von Angoulême. Sie erstrecken sich über 53 Hektar und werden ohne Einsatz von Düngemitteln bewirtschaftet.

Der Verkauf erfolgt überwiegend im Faß. Die reifenden Lagerbestände Leyrats entsprechen einer Menge von über einer Million Flaschen.

Verkostungsnotiz

VSOP

Helle Zitronenfarbe; grober, ziemlich erdiger Duft von Früchten; Geschmack zeigt matte Frucht, leicht strenge Schärfe, mittlere Länge.
Passabel

SORTIMENT

VSOP

LEYRAT VSOP

- 157 -

Guy LHÉRAUD

Domaine de Lasdoux, 16120 Angeac
tel.: (0033–5) 45 97 12 33
Besucher: 9.00–12.00 und 14.00–17.00 Uhr

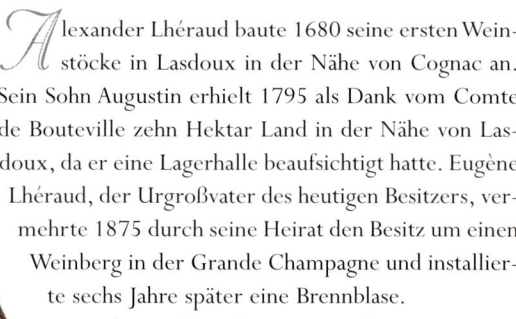

Alexander Lhéraud baute 1680 seine ersten Weinstöcke in Lasdoux in der Nähe von Cognac an. Sein Sohn Augustin erhielt 1795 als Dank vom Comte de Bouteville zehn Hektar Land in der Nähe von Lasdoux, da er eine Lagerhalle beaufsichtigt hatte. Eugène Lhéraud, der Urgroßvater des heutigen Besitzers, vermehrte 1875 durch seine Heirat den Besitz um einen Weinberg in der Grande Champagne und installierte sechs Jahre später eine Brennblase.

Rémy Lhéraud erwarb in der 30er Jahren zusätzliches Land. Guy Lhéraud übernahm das Unternehmen 1970 und begann ein Jahr später, Cognac unter seinem Namen zu verkaufen. Heute beliefert er Geschäfte wie Richemond in Genf oder Harrods in London. Zur Zeit werden etwa 51 Hektar in der Petite Champagne bewirtschaftet. Der Ertrag von 4000 Hektolitern Wein setzt sich aus Ugni Blanc-Trauben (80%) und Colombard bzw. Folle Blanche (jeweils 10%) zusammen.

VSOP FINE PETITE CHAMPAGNE

Das Cognac-Verzeichnis

Der Cognac wird in mindestens acht Jahre alten Fässern aus Limousineiche ausgebaut. Für junge Destillate wird in geringem Maße auch neues Holz verwendet. Der Spécial lagert drei Jahre, der VSOP fünf Jahre, der Cuvée 10 bzw. 20 Jahre, der XO 30 Jahre und der Très Vieille Réserve du Paradis bedeutend länger. Einige Sorten werden mit einem Alkoholgehalt von mehr als 40 Vol.-% verkauft: Cuvée 10 (42 Vol.-%), Cuvée 20 (43 Vol.-%), XO (44 Vol.-%) und Très Vieille Réserve du Paradis 47 Vol.-%).

Lhéraud-Cognac wird in Deutschland, Großbritannien, Belgien, Frankreich, Luxemburg, Dänemark, Japan, Taiwan, Hongkong, Malaysia und in die USA verkauft. Jährlich werden etwa 150 000 Flaschen abgesetzt.

Lhéraud legt Wert auf attraktive Verpackungen, insbesondere für die Luxusmarken. Der XO gewann 1996 eine Empfehlung bei der International Spirits Challenge und eine Silbermedaille bei den Wine and Spirits Design Awards.

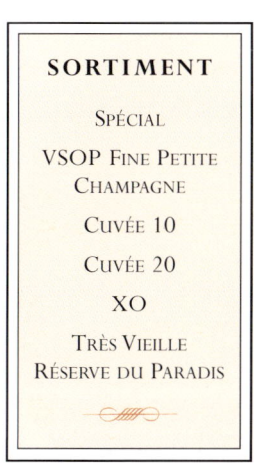

SORTIMENT

Spécial

VSOP Fine Petite Champagne

Cuvée 10

Cuvée 20

XO

Très Vieille Réserve du Paradis

LHÉRAUD CUVÉE 20

Verkostungsnotizen

VSOP Fine Petite Champagne
(Partie-Nr. 418)

Ziemlich intensive Farbe; Duft von feuchtem Holz; Pekannüsse, eher feurig; Rosinen, leicht bitterer Geschmack mit strenger Schärfe im Abgang. **Passabel**

Cuvée 20
(43 Vol.-%)
(Partie-Nr. 341)

Gelbbraune Farbe; stilvoller Duft, Bitterschokolade; milder Geschmack, einen Hauch zu süß, aber mit guter Frucht und gutem Abgang.
Sehr gut

XO
(In einer attraktiven Karaffe mit hohem Verschlusspfropfen)

Mittel- bis dunkelgelbbraune Farbe im Kern mit leicht ockerfarbenem Rand; weich, Duft von rauchigen Früchten, gehaltvoll mit deutlichen Extraktstoffen; am Gaumen gehaltvolle, deutliche Frucht und wahre Tiefe, Mandarinen, passable Frucht.
Gut bis sehr gut

LHÉRAUD XO

J & F Martell

B.P. 21, Place Edouard Martell, 16101 Cognac
tel.: (0033–5) 45 36 33 33

*Besucher: montags bis donnerstags
9.30–13.00 und 14.30–17.00 Uhr
freitags 9.30–13.00 Uhr
Audiovisuelle Führungen in Deutsch, Französisch,
Englisch, Italienisch und Spanisch*

Martell ist das älteste der großen Cognac-Häuser. Es wurde von Jean Martell gegründet, der 1715 seine Heimatinsel Jersey verließ, um sich in Cognac anzusiedeln. Jean Martell wurde 1694 als zweitjüngstes von sechs Kindern geboren, sein Vater war Seefahrer und Kaufmann. Nachdem Jean Martell sieben Jahre auf der Nachbarinsel Guernsey mit einem Kaufmann zusammengearbeitet hatte, beschloß er, sein Glück in der Region Cognac zu versuchen, da er das wirtschaftliche Potential von Spirituosen aus dem Gebiet erkannt hatte.

Zunächst verschiffte Martell Cognac nach Jersey und Guernsey – den traditionellen Handelsplätzen auf dem Weg nach England. Hinzu kam der Handel mit Rotterdam und den hanseatischen Häfen Hamburg und Lübeck. Im Jahr 1721 exportierte er über 2000 Hektoliter. Sieben Jahre später kaufte er die Ländereien und die Gebäude in Cognac, die bis heute im Besitz von J & F Martell sind.

Der begeisterungsfähige und energische Jean Martell besuchte regelmäßig die Weinbergbesitzer, die ihre Waren auf Märkten verkauften, und häufig sah man

MARTELL CORDON BLEU

ihn in Tonnay-Charente, wie er die Verladung seiner Fässer persönlich beaufsichtigte.

1726 heiratete Martell die Tochter eines Cognac-Händlers, wurde jedoch schon in jungen Jahren Witwer. Im Jahr 1737 heiratete er die Tochter einer alteingesessenen Charentaiser Familie. Er starb 1753 und hinterließ ein florierendes und geachtetes Handelshaus, dessen Leitung er der Witwe und seinen beiden Söhnen übertragen hatte.

Dreißig Jahre später begann das Unternehmen, nach Nordamerika zu exportieren. Als weitere Meilensteine in der Geschäftsentwicklung gelten der erste Export in Flaschen 1797, die erste Warensendung nach Rußland 1803 und die erste Erwähnung des Verschnitts Extra 1819, als Théodore Martell von London aus bei seinem Bruder 15 Fässer orderte. Die erste Warensendung des Very Special Old Pale erfolgte 1831 nach London.

Martell weitete seine Exporte nach Australien (1851), China (1861) und Japan (1868) aus. Einen schweren Rückschlag brachte 1880 die Reblaus Phylloxera, die etwa 80% der Weinstöcke zerstörte.

Der berühmte Martell-Verschnitt Cordon Bleu wurde 1912 entwickelt. Die Unterzeichnung des Waffenstillstandes 1918, der den Ersten Weltkrieg beendete, wurde mit einem Cognac aus Martells Sortiment gefeiert.

Im Jahr 1975 wurde das Unternehmen in eine Aktiengesellschaft umgewandelt und 1988 von dem kanadischen Getränkegiganten Seagram aufgekauft.

Weiterhin werden neue Cognacs kreiert: 1990 Napoléon Réserve Spéciale, ein Jahr später Gobelet Royal und 1992 L'Or. Noblige ist seit 1994 im Handel, Création kam ein Jahr später auf den Markt, um das 280. Jahr der Firmengründung zu feiern. Der Name Napoléon ist einer »speziellen Reserve« vorbehalten, die ausschließlich auf dem Duty-free-Markt angeboten wird und sich vor allem in Asien großer Beliebtheit erfreut.

Heute stellt Patrick Martell in der achten Generation den Direktor. Er hat 283 Hektar eigene Weinberge im Ertrag, die 92 Hektar der Do-

---

SORTIMENT

VS

MEDAILLON VSOP

NOBLIGE

NAPOLÉON RÉSERVE SPÉCIALE

CORDON BLEU

XO SUPRÊME

EXTRA

CLASSIQUE DE MARTELL

L'OR DE J & F MARTELL

CRÉATION DE J & F MARTELL

CHÂTEAU DE CHANTELOUP

maine de Gallienne eingeschlossen – das Gut liegt in den Borderies und ist seit 1954 im Besitz der Firma. Doch die Erträge decken nur etwa 3% des jährlichen Weinbedarfs. 2300 Weinbauern stehen unter Vertrag. Für die Lagerbestände kauft Martell nur Weine aus den vier besten Anbaugebieten, also nicht aus den Bons Bois und Bois Communs. Fast 98% der Trauben sind Ugni Blanc, hinzukommen geringe Mengen Colombard und Folle Blanche. Martell unterscheidet sich von anderen Cognac-Häusern dadurch, daß er einen hohen Anteil von Borderies-Weinen verwendet: Immerhin über 60% der Produktion dieses kleinsten der sechs Anbaugebiete sind Martell vorbehalten. Das bewaldete und weniger kreidehaltige Gebiet verleiht dem Cognac einen schwereren, süßlichen, aber eleganten Stil, der vage an Veilchen erinnert.

Martells Brennerei in Gallienne erhebt den Anspruch, die größte und technisch fortschrittlichste in der Region zu sein. Sie kann täglich gut 2000 Hektoliter Wein destillieren und sichert 30% des Bedarfes. 13 unabhängige Destillateure arbeiten ausschließlich für Martell. Sie liefern 47% der jährlichen Bedarfs; der Rest wird von »bouilleurs de cru« hinzugekauft. Martell Brennerei verfügt über 24 eigene Brennblasen.

Das Unternehmen baut das junge Destillat mit einem Alkoholgehalt von 68 Vol.-% aus. Für die Reduzierung wird an Stelle von reinem

Wasser eine Mischung aus Cognac und destilliertem Wasser (»faibles«) verwendet. Martell bevorzugt für die Reifung Fässer aus feingemaserter Tronçaiseiche, da der Cognac so langsamer reift als in Limousinholz. Die Dauben werden erst drei Jahre gelagert, bevor sie zu Fässern mit einem Fassungsvermögen von 3,4 Hektolitern zusammengefügt werden. Martell gibt »boisé« zu, um den Anteil der Lignine (für das Aroma) und der Tannine (für die Farbe) zu erhöhen. Limousineiche wird bei Martell fast nur zur Reparatur alter Fässer verwendet. Das Unternehmen verfügt über eigene Böttchereien.

Martell verkauft jährlich über 21,6 Millionen Flaschen. Die Produktion wird bis auf 2 % in über 140 Länder exportiert; der weltweite Anteil am Cognac-Markt liegt bei 17,5 %. Martell gilt als Marktführer in Großbritannien, Italien, Mexiko, Hongkong, Malaysia und Singapur. Dem Unternehmen steht eine neue Lagerhalle bei Chanteloup mit einem Fassungsvermögen von 40 000 Fässern zur Verfügung. Seine Lagerbestände gehören zu den größten in der Region: Sie entsprechen einem Volumen von über 100 Millionen Flaschen.

MARTELL XO SUPRÊME

Die jüngste Auszeichnung wurde Martell 1997 bei der Wine and Spirit International für den »besten Cognac des Jahres« verliehen.

Auch bei der Erforschung des Weinschädlings Eutypiosis gebührt Martell eine Vorreiterrolle. Das Unternehmen untersucht den genetischen Aufbau, um daraufhin schädlingsresistente Gene herzustellen, die den Ugni Blanc-Weinstöcken eingesetzt werden können.

Jährlich besuchen etwa 40 000 Touristen den Cognac-Produzenten Martell (vorwiegend im Juli und August).

Verkostungsnotizen

VS

Heller, gelbbrauner Kern mit langem, hellgrün erscheinendem Rand; alkoholisch, ländlicher Duft; am Gaumen klare, leichte Frucht mit kurzer Länge. **Enttäuschend**

MEDAILLON VSOP

Recht intensive, gelbbraune Erscheinung mit deutlichem, schmalem, ockerfarbenem Rand; matter, weicher Duft von Früchten; Geschmack von wärmenden Früchten mit alkoholischem Abgang, mittlere Länge. **Passabel bis gut**

NOBLIGE

Gelbbraunfarbener Kern mit langem, ockerfarbenem Rand: weicher, warmer Duft von Früchten; einladender, warmer, fruchtiger Geschmack, mittlere Länge, alkoholische Schärfe, ausgeglichen. **Passabel bis gut**

CORDON BLEU

Gelbbrauner Kern mit breitem, hellockerfarbenem Rand; gefälliger, weicher Duft von Früchten mit rauchigem Anflug; am Gaumen weiche, deutliche Frucht; mittlere Länge; ausgeglichen. **Gut**

XO SUPRÊME

Gelbbrauner Kern mit breitem, hellockerfarbenem Rand; angenehmer, gefälliger Duft von rauchigen Früchten; am Gaumen einladend stilvolle, deutliche Frucht, aber leicht strenge Schärfe im Abgang. **Gut bis sehr gut**

EXTRA

Heller, gelbbrauner Kern mit langem, ockerfarbenem Rand; weicher, stilvoller Duft; milder, weicher Geschmack mit leichter Frucht, langanhaltend. Weniger gefällig als der XO Suprême. **Gut**

L'OR

Gelbbrauner Kern mit schmalem, sehr wässrig-ockerfarbenem Rand; komplexer, kraftvoller Duft von Früchten; leicht rauchig, es fehlt die Feinheit der Création, da mehr Borderies-Wein enthalten ist; reicher, vielschichtiger Geschmack mit pfefferiger Frucht, gute Länge. **Sehr gut**

CRÉATION

Sehr feiner, weicher Duft, blumig, erinnert an Akazien; weicher, gefälliger, eleganter Geschmack ohne strenge Töne und langanhaltend. **Außergewöhnlich**

Jean-Paul MAURIN

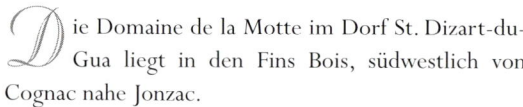

Domaine de la Motte, 17240 St. Dizant-du-Gua
Tel.: (0033–5) 46 49 96 28
Besuche nach Vereinbarung: montag bis freitags, 9.00–19.00 Uhr

Die Domaine de la Motte im Dorf St. Dizart-du-Gua liegt in den Fins Bois, südwestlich von Cognac nahe Jonzac.

Der zur Domaine gehörende Weinberg wurde nach der Zerstörung durch die Reblaus Phylloxera erneut bepflanzt, und Maurins Großvater baute für den reifenden Cognac eine neue, größere Lagerhalle.

Der Weinberg hat zwei Rebflächen: Bei la Motte werden auf 14 Hektar weiße Trauben und auf zwei Hektar rote Trauben angebaut und bei St. Bonnet im Süden der Fins Bois sechs Hektar weiße Trauben. Für Cognac werden ausschließlich Ugni Blanc-Trauben kultiviert, für Pineau des Charentes (weiß und rosé) werden aber auch Colombard, Merlot, Malbec und Cabernet Sauvignon angepflanzt. Der Boden ist ein Gemisch aus Lehm und Kreide, und

nach Maurin verleiht er jungem Cognac einen charakteristischen Duft sowie den Geschmack von Haselnüssen. Jean-Paul Maurin produziert jährlich mehr als 2000 Hektoliter Wein.

Das Destillat reift in mindestens zwölf Jahre alten Fässern aus Tronçaiseiche, die in der Böttcherei Vicard gefertigt werden. Dem Destillat wird »boisé« zugegeben. Die jährliche Produktion bei Maurin beläuft sich auf 15 000–20 000 Flaschen Cognac.

SORTIMENT

FINE FINS BOIS

VSOP

VIEILLE RÉSERVE

XO

Der Fine Fins Bois reift vier Jahre und ist für seinen starken Duft bekannt. Sein feuriger Stil eignet sich gut für Cocktails. Der VSOP ist weniger rauh; während seiner siebenjährigen Reifung im Faß entwickelt er seinen langen Abgang. Der Vieille Réserve wird 15 Jahre ausgebaut und bildet in dieser Zeit seinen feinen, aber vollen Duft. Der XO reift über 40 Jahre lang und gelangt mit einem Alkoholgehalt von 41 Vol.-% in den Handel. Er wird nicht filtriert, damit seine Natürlichkeit erhalten bleibt.

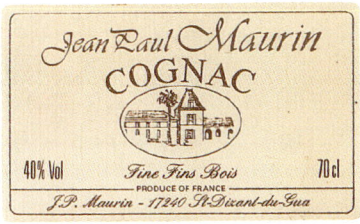

Verkostungsnotiz

**JEAN-PAUL MAURIN
VIEILLE RÉSERVE**

Gelbbraune Farbe im Kern mit deutlichem, ockerfarbenem Rand; rauchige Frucht, holziger Duft; Geschmack von weicher, holziger Frucht, mehrschichtig mit guter Länge; gefällig und ausgeglichen. **Gut**

MÉNARD et Fils

B.P. 16, 16720 St. Même-les-Carrières
Tel.: (33–5) 45 81 90 26
Besucher: montags bis freitags, 9.00–12.00 und 14.00–18.00 Uhr

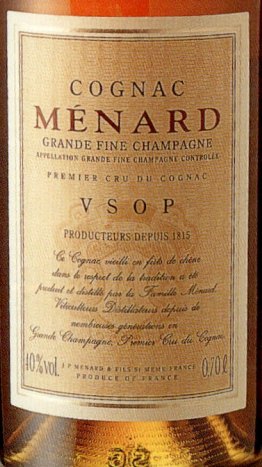

Die Familie Ménard besitzt amtliche Papiere aus dem Jahr 1660, die belegen, daß die Eltern von Nicolas Mesnard (der Nachname wurde bis in die Mitte des 19. Jahrhunderts mit einem »s« geschrieben) Land bewirtschafteten und sowohl eine Traubenpresse als auch Brennblasen in dem kleinen Dorf Salles d'Angles westlich von Segonzac in der Grande Champagne besaßen. Im Jahr 1815 hatte sich der Landbesitz der Familie vergrößert, und sie hatte sich als Destillateur einen Namen gemacht. Infolgedessen verfügen die Ménards über ansehnliche alte Lagerbestände – drei Flaschen stammen noch aus der Zeit vor der Französischen Revolution 1789, und »Hunderte von Flaschen« sind Produkte der Jahrgänge 1818 und 1830.

Jean Paul Ménard beschloß 1946, gemeinsam mit seinen beiden Söhnen Guy und Pierre eigenen Cognac zu verkaufen und Pineau des Charentes auf Flaschen zu ziehen. Drei Sorten Pineau von Ménard sind erhältlich: etwa drei Jahre alt (weiß und rosé) sowie zehn Jahre alt und von einer Qualität, die nach Ménard »auf dem Markt praktisch keine Entsprechung findet«.

Die Weinberge erstrecken sich heute über 80 Hektar, auf denen ausschließlich Ugni Blanc angebaut wird. Der Ertrag beläuft sich auf rund 5600 Hektoliter (ausschließlich Grande Champagne-Qualität).

MÉNARD VSOP GRANDE FINE CHAMPAGNE

Ménard kauft weder Trauben oder Wein noch ungereiftes Destillat hinzu. Destilliert wird in Mainxe südlich von Jarnac und in Ambleville nordöstlich von Archiac.

Die Lagerhalle der Ménards liegt in St. Même-les-Carrières zwischen Jarnac und Châteauneuf-sur-Charente. Der Cognac reift in Fässern aus Limousineiche, die ein Durchschnittsalter von 20 Jahren haben und aus der Böttcherei Pelletant in Mainxe sowie einer weiteren Böttcherei in Segonzac stammen; 5 % des Holzes sind neu. Die Reduzierung des Alkoholgehaltes hängt von dem beabsichtigtem Ausbau des Cognacs ab – alte Brände erreichen auf natürlichem Weg 60 Vol.-%.

Jährlich werden 38 000 Flaschen verkauft: 8000 Flaschen Sélection des Domaines, 25 000 Flaschen VSOP und 5000 Flaschen von den besseren Qualitäten. Ménards Cognac ist dafür bekannt, daß er für Spitzenverschnitte teilweise über 70 Jahre im Faß bleibt. Seine Bestände entsprechen einem Volumen von über 500 000 Flaschen.

Das Unternehmen Ménard et Fils hat fünf Cognacs im Sortiment: Der Sélection des Domaines (entspricht Drei Sterne-Cognacs) ist zwei bis fünf Jahre alt, der VSOP reift vier bis zehn Jahre. Napoléon ist mit seinen 20 bis 25 Faßjahren ein erlesener Cognac. Diese Cognacs kommen mit 40 Vol.-% Alkohol in den Handel, bei den beiden Spitzenmarken ist der Gehalt jedoch höher: Der 35 Jahre alte XO hat 42 Vol.-%, der 50 Jahre alte Ancestrale 45 Vol.-%. Bei letzterem schätzt Ménard besonders den Rancio-Geschmack.

SORTIMENT

Sélection des Domaines

VSOP

Napoléon

XO

Ancestrale

Verkostungsnotiz

MÉNARD GRANDE FINE CHAMPAGNE VSOP

Heller, gelbbrauner Kern mit breiter, ockerfarbener Entwicklung; eleganter Fruchtduft, ziemlich blumig; stilvoll, gute Frucht, vielschichtiger Geschmack, leicht alkoholischer Abgang, passable Säure, mittlere Länge. **Gut bis sehr gut**

MENUET

> B.P. 24, 16720 St. Même-les-Carrières
> Tel.: (0033–5) 45 81 91 55
> Besucher: 9.00–12.00 und 14.00–18.00 Uhr

MENUET XO
GRANDE
CHAMPAGNE

Die Familie Menuet kann den Besitz ihres ersten Weinbergs in der Cognac-Region bis auf das Jahr 1680 zurückverfolgen. Louis Menuet erweiterte 1850 seine Ländereien in der Grande Champagne um 5 Hektar.

Heute besitzt Menuet rund 40 Hektar in St. Même-les-Carrières im Nordosten der Grande Champagne zwischen den Städten Cognac und Châteauneuf-sur-Charente. Dies ist die nördliche Grenze für die Kultivierung von Ugni Blanc-Trauben, und Menuet hat ausschließlich diese Sorte im Ertrag. Die Weinlese beginnt gewöhnlich am 15. Oktober und dauert drei Wochen. Der Ertrag der eigenen Weinberge liegt bei etwa 3600 Hektolitern, und Menuet kauft weder Trauben noch Wein oder Destillat hinzu. Zur besseren Entwicklung des Aromas wird dem Wein einen Monat lang der Bodensatz belassen. Das Rohdestillat wird bei voller Stärke ein Jahr lang in neuer Limousineiche ausgebaut und dann in ältere Fässer umgefüllt. Ab dem zweiten Jahr wird der Alkoholgehalt stufenweise langsam um 5% reduziert, bis er sechs Monate vor dem Abfüllen bei 45 Vol.-% liegt. Die endgültige Verkaufsstärke der jährlichen Produktion von 130 000 Flaschen liegt bei 40 Vol.-%.

60 % der Produktion werden exportiert, hauptsächlich nach Japan, Hongkong, Taiwan, Thailand, Großbritannien, Belgien, Deutschland und in die Niederlande. In den USA wird Cognac von Menuet unter dem Etikett »Menuet & Jules« verkauft.

> **SORTIMENT**
>
> VSOP Grande Champagne
>
> XO Grande Champagne
>
> Extra Grande Champagne
>
> Hors d'Age

Bei der Weltausstellung in Paris im Jahr 1900 gewann Ernest Menuet (Louis' Enkel) mit dem Premier Cru de Cognac die Goldmedaille. 1993 sicherte sich Menuet eine silberne Auszeichnung für den XO bei der International Wine and Spirit Competition in London sowie 1996 Silber- und Goldmedaillen für den VSOP und XO bei den Beverage Testing Institute Awards in Chicago.

Heute stellt die sechste Generation der Menuets den Direktor der Firma. André Menuets Tochter Marie-Josette heiratete Michel Croizet. Ihr Sohn David kümmert sich gemeinsam mit seiner Frau Christine um Geschäft und Marketing.

Fünf Jahre Faßlagerung verleihen dem VSOP eine blumige Note und einen Hauch von Vanille, wohingegen dem XO das Aroma von Kaffee, Zimt, Honig, Orangenblüte und Vanille zugeschrieben wird. Der Extra wird über 20 Jahre ausgebaut, er erinnert an Vanille, Kaffee und Holzaromen sowie an Kakao und kandierte Früchte. Der Hors d'Age reift mindestens 40 Jahre im Faß, damit sich sein komplexer und harmonischer Stil entwickeln kann.

> *Verkostungsnotiz*
>
> **Menuet XO Grande Champagne**
> (in fast herzförmiger Karaffe)
>
> *Heller, gelbbrauner Kern mit langer, zitronenfarbener Randerscheinung; weicher Fruchtduft, fein, Mandeln; Geschmack von getrockneten Früchten, kurze Länge, fehlende Schwere, aber fein.* **Sehr gut**

J. Y. & F. MOINE

VILLENEUVE, 16200 CHASSORS
TEL.: (0033–5) 45 80 98 91
Rundgänge durch die Brennerei beginnen bei der Touristeninformation in Jarnac: samstags und sonntags, 14.30 Uhr (nach Vereinbarung)

Jean-Yves und sein Bruder François Moine übernahmen den Familienbetrieb 1979. Seit 1986 verkaufen sie Cognac in Flaschen. Sie vermarkten ausschließlich eigene Produkte: 70% Cognac, 20% Pineau des Charentes (weiß und rosé) und 10% Wein mit der Bezeichnung Vins de Pays Charentais.

Die Moines erzeugen gut 3200 Hektoliter Wein. Für Cognac werden ausschließlich Ugni Blanc-Trauben verwendet. Merlot- und Cabernet-Trauben werden für den Pineau rosé und den Vin de Pays rosé und rot angebaut.

25 Hektoliter destillieren die Brüder Moine in Villeneuve in der Nähe von Jarnac, der Ausbau erfolgt in acht bis zehn Jahre alten Fässern aus Limousineiche, die aus der Böttcherei Joseph Gatard in Sigogne stammen. Jährlich werden 1200 Flaschen acht Jahre alter Réserve-Cognac und 1000 Flaschen 18 Jahre alter Vieille Réserve produziert, die sowohl auf dem firmeneigenen Grundstück als auch von Fachgeschäften in Frankreich und Belgien verkauft werden.

SORTIMENT

RÉSERVE

VIEILLE RÉSERVE

MOINE FRÈRES RÉSERVE

Die Moines haben für ihre Initiativen im Sinne eines sanften Tourismus mehrere Auszeichnungen gewonnen, darunter die Bravos de l'accueil 1994 und den Grand Prix Banque Populaire 1996.

Verkostungsnotiz

MOINE FRÈRES RÉSERVE

Helle Farbe, blasse, strohfarbene Erscheinung; alkoholisch, Duft von Zitrusfrüchten; leichte Frucht am Gaumen, dünn, alkoholische Schärfe. **Enttäuschend**

FRANÇOIS UND JEAN-YVES MOINE

KONTROLLE DES DESTILLATIONSPROZESSES

MOINE FRÈRES VIEILLE RÉSERVE

Château MONTIFAUD

17520 Jarnac
Tel.: (0033–5) 46 49 50 77
Besucher: montags bis freitags, 9.00–12.00 und 14.00–18.00 Uhr, am Wochenende nach Vereinbarung

Das Château Montifaud gehört seit mehreren Generationen der Familie Vallet. Es beherbergt alte Cognac-Bestände, die im Halbdunkeln gelagert werden. Etwa 3000 Hektoliter davon gehen auf das Jahr 1947 zurück.

Der 50 Hektar große Weinberg liegt in der Petite Champagne. Der Titel Château ist in Cognac selten und den Besitztümern alteingesessener Familien in der Region vorbehalten. Die Abfüllung des Cognacs erfolgt auf dem Anwesen selbst.

Zwei Brennblasen im Château Montifaud destillieren den Wein, der aus Ugni

SORTIMENT

VS Petite Champagne

VSOP Petite Champagne

Napoléon Petite Champagne

XO Fine Petite Champagne

XO FINE PETITE CHAMPAGNE

Blanc-Trauben gewonnen wird. Das Destillat reift sechs Monate in neuer Limousineiche, wird dann in alte Fässer umgefüllt und schließlich auf 40 Vol.-% Alkohol reduziert. Der VS reift fünf Jahre, ein Jahr davon in neuen Fässern; »boisé« wird nicht zugefügt. Der VSOP wird zehn Jahre gelagert, ein Jahr davon ebenfalls in neuem Holz. Der Napoléon ist im Durchschnitt 15 bis 18 Jahre alt, wohingegen der XO 27–30 Jahre reift.

Exporte gehen in die Niederlande, nach Deutschland, Großbritannien, Belgien, Österreich und Skandinavien. Auf der Vinexpo 1987 wurde eine Flasche Heritage Maurice Vallet (um 1900 gebrannt) versteigert.

Verkostungsnotizen

VS FINE PETITE CHAMPAGNE

Helle Strohfarbe; süßliches, feines Limonenblütenaroma; am Gaumen süßliche Frucht. **Gut**

VSOP FINE PETITE CHAMPAGNE

Dunkle, ockerfarbene Erscheinung, stark alkoholischer Duft; anfänglich milder Geschmack mit deutlichem Vanilleton. **Passabel bis gut**

XO FINE PETITE CHAMPAGNE

Goldfarbener Kern mit hellem, ockerfarbenem Rand; Duft von Pfirsichen, feine Frucht mit hartem Abgang, mittlere Länge. **Passabel bis gut**

CHÂTEAU MONTIFAUD FINE PETITE CHAMPAGNE

MOYET

> 62 RUE DE L'INDUSTRIE, 16104 COGNAC
> TEL.: (0033–5) 47 55 44 66
> *Keine Besuche möglich*

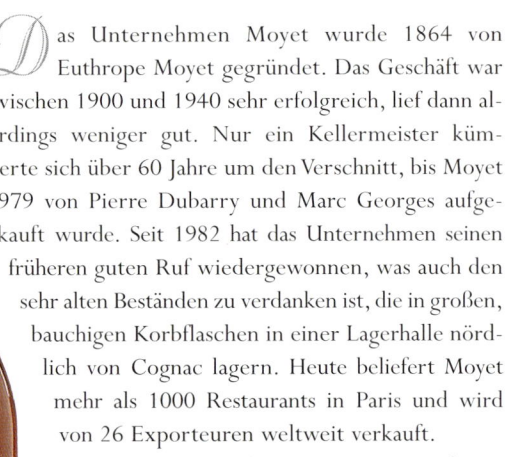

Das Unternehmen Moyet wurde 1864 von Euthrope Moyet gegründet. Das Geschäft war zwischen 1900 und 1940 sehr erfolgreich, lief dann allerdings weniger gut. Nur ein Kellermeister kümmerte sich über 60 Jahre um den Verschnitt, bis Moyet 1979 von Pierre Dubarry und Marc Georges aufgekauft wurde. Seit 1982 hat das Unternehmen seinen früheren guten Ruf wiedergewonnen, was auch den sehr alten Beständen zu verdanken ist, die in großen, bauchigen Korbflaschen in einer Lagerhalle nördlich von Cognac lagern. Heute beliefert Moyet mehr als 1000 Restaurants in Paris und wird von 26 Exporteuren weltweit verkauft.

Moyet besitzt keine eigenen Weinberge und kauft sowohl ungereifte als auch gereifte Destillate. Sie stammen zur Hälfte aus der Grande Champagne, zu 35 % aus der Petite Champagne, zu 10 % aus den Borderies und zu 5 % aus anderen Anbaugebieten. Dubarry bevorzugt die Destillation mit Bodensatz und

MOYET BORDERIES

verwendet zur Reifung hauptsächlich Tronçaiseiche, insbesondere für neue Fässer.

Um den Alkoholgehalt zu reduzieren, wird in vier bis fünf Stufen langsam eine Mischung aus Cognac und destilliertem Wasser zugefügt. Jährlich werden etwa 70 000 Flaschen verkauft. Hauptabsatzmärkte sind die Ostküste der USA, Deutschland, Taiwan, Thailand und Italien. Moyet nimmt kaum an Wettbewerben teil, gewann aber 1995 bei der International Wine and Spirit Competition in Großbritannien Auszeichnungen in Gold, Silber und Bronze.

Dubarry und Georges scheuen Bezeichnungen wie Drei Sterne und VS. Die Geschäftspartner verwalten das Unternehmen Moyet von Paris aus.

SORTIMENT

Petite Champagne

Fine Champagne

Borderies

Fine Champagne XO

Grande Champagne

Grande Champagne Extra Vieille

Petite Champagne Très Vieille

Borderies Très Vieilles

Fine Champagne Très Vieille

Grande Champagne Très Vieille

MOYET PETITE CHAMPAGNE

Verkostungsnotizen

PETITE CHAMPAGNE
(ORANGEFARBENES ETIKETT)

Der umsatzstärkste Cognac Moyets, im Durchschnitt sieben Jahre alt; leichter, klarer Fruchtduft, ausgeglichene, am Gaumen weiche Frucht mit mittlerer Länge.
Passabel bis gut

FINE CHAMPAGNE
(HELLGRÜNES ETIKETT)

Zwölf Jahre alt mit einladend warmem, weichem Fruchtduft; gefällig, nußartig, fruchtig am Gaumen. Dies war der Original-Cognac des Hauses. Heute ist er ein Verschnitt aus Grande und Petite Champagne-Cognacs.
Gut bis sehr gut

FINE CHAMPAGNE XO

Weicher, eleganter, fruchtiger Duft; vielschichtiger Geschmack, Walnuß, weiche, stilvolle Frucht, 30–35 Jahre alt. **Sehr gut**

BORDERIES

Gehaltvoller, milder Fruchtduft; wärmender Geschmack, im Vergleich mit anderen Cognacs des Sortiments eher schwerer, 35 Jahre alt. **Gut**

GRANDE CHAMPAGNE EXTRA VIEILLE

35–40 Jahre Durchschnittsalter, davon 25 Jahre auf einem Gut ausgebaut. Warmer, weicher, stilvoller Fruchtduft; guter, einladender, fruchtiger Geschmack, langer, gehaltvoller Abgang ohne strenge Schärfe. **Sehr gut**

FINE CHAMPAGNE TRÈS VIEILLE

Über 50 Jahre alt; weicher, gefälliger, fruchtiger Duft; ziemlich gehaltvoll, Geschmack von Honig und Haselnüssen.
Sehr gut

GRANDE CHAMPAGNE TRÈS VIEILLE

Über 50 Jahre alt; enthält den Jahrgang 1848. Dieser Verschnitt enthält Cognac aus vier verschiedenen Jahrgängen, der jüngste stammt aus dem Jahr 1906; feiner, weicher, stilvoller Duft; angenehmer, weicher, eleganter, fruchtiger Geschmack, gute Länge.
Sehr gut bis außergewöhnlich

J. NORMANDIN-MERCIER

Château de la Péraudière, 17139 Dompierre
Tel.: (0033–5) 46 68 00 65
Besucher: 9.00–12.00 und 14.00–17.00 Uhr (ganzjährig)

Das Haus Normandin-Mercier wurde 1872 von dem Cognac-Händler Jules Normandin gegründet. Er erwarb das Château de la Péraudière aufgrund der dazugehörenden alten Lagerhalle und baute dort sein Geschäft aus. Seine Schwiegermutter Mercier wurde seine Geschäftspartnerin, und seine Söhne Edward und George übernahmen später die Firma.

Péraudière liegt etwa acht Kilometer östlich von La Rochelle. Von 1945 bis 1978 verkaufte das Haus Cognac ausschließlich im Faß an die »négociants« der großen Häuser. Inzwischen verkauft Normandin-Mercier in Flaschen, und dies sowohl in Frankreich als

SORTIMENT

Fine Petite Champagne

Vieille Fine Champagne

Grande Champagne Réserve

Très Vieille Grande Champagne

Petite Champagne Vieille 47 degrés

Grande Champagne Vieille 43 degrés

FINE CHAMPAGNE PRESTIGE

CHÂTEAU DE LA PÉRAUDIÈRE BEI LA ROCHELLE

auch im Ausland. Die Firma wird heute von Jean-Marie Normandin in der fünften Generation geleitet.

Die Einkäufe stammen zu 60% aus der Grande Champagne und zu 40% aus der Petite Champagne. Die Alkoholstärke des Destillats wird in den ersten fünf Jahren nicht reduziert. Die Reife erfolgt zu 70% in Tronçaiseiche. Junger Cognac reift etwa acht Monate in neuem Holz und wird dann in alte Fässer umgefüllt. Die Böttcher Vicard und Seguin Moreau liefern die Fässer.

Petite Champagne Vieille wird mit einem Alkoholgehalt von 47 Vol.-% und Grande Champagne Vieille mit 43 Vol.-% verkauft. Der Très Vieille Grande Champagne erreicht 40 Vol.-% ohne Reduzierung. Die hochprozentigen Cognacs machen etwa 10% des Verkaufs aus. Außer Cognac verkauft Normandin-Mercier auch weißen und rosé Pineau des Charentes.

OTARD

Château de Cognac, 127 boulevard Denfert
Rochereau, 16100 Cognac
Tel.: (0033–5) 45 36 88 88
*Besucher: montags bis freitags (außer Heiligabend);
von April bis September auch am Wochenende*

Baron Jean Baptiste Antoine O'tard de Lagrange, der Mitbegründer von Otard Cognac, wurde 1763 in Brives bei Cognac geboren. Seine Vorfahren stammten aus Norwegen, Schottland und Frankreich. Er absolvierte ein Ingenieursstudium an der Militärakademie, und im Jahr 1792 heiratete er in eine alteingesessene französisch-kanadische Familie ein. Während der Französischen Revolution wurde er gefangengenommen und 1793 zum Tode verurteilt, am Vorabend der Exekution jedoch von der Bevölkerung befreit.

Otard mußte emigrieren, kehrte aber im Jahr 1795 aus England zurück, um gemeinsam mit seinen Freunden Jean und Léon Dupuy einen Exporthandel aufzubauen, wofür er sich seiner alten Bestände bediente. Das Geschäft lief so gut, daß sie im folgenden Jahr das Château de Cognac kaufen konnten. Die Bedingungen für die Lagerung des Cognac sind dort ideal: Die Mauern sind zwei Meter dick, die trockenen Böden eignen sich gut für junges Destillat und die feuchten Keller nahe der Charente für den älteren Cognac. Die Zusammenarbeit mit Dupuy als Destillateur und Otard als Verkäufer erwies sich als

NAPOLÉON EXTRA FINE

äußerst erfolgreich. Trotz des Kontinentalembargos konnte König Georg III. von Großbritannien ihren Cognac exportieren.

Antoine Otard war in der Gegend sehr beliebt und wurde 1804 zum Bürgermeister von Cognac gewählt. Bis zu seinem Tod 20 Jahre später lebte er in dem Haus, das heute als Rathaus dient. In den Jahren 1820 und 1824 wurde er ins Parlament gewählt, und man verlieh ihm den Orden der Ehrenlegion. Nach Otards Tod, als Jean Dupuy sich zu Ruhe gesetzt hatte, übernahmen Léon Dupuy und Otards Söhne die Leitung des Unternehmens. Ihre Nachkommen setzten das Geschäft fort und änderten 1945 den Originalnamen von Otard-Dupuy in Cognac Otard, da die Dupuy-Familie nicht weiter vertreten war. Martini & Rossi kaufte 1991 das Unternehmen, und beide schlossen sich ein Jahr später mit Bacardi zusammen.

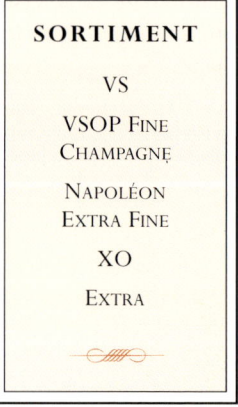

SORTIMENT

VS

VSOP Fine Champagne

Napoléon Extra Fine

XO

Extra

Otard besitzt keine eigenen Weinberge und kauft gut 7000 Hektoliter Wein (hauptsächlich aus Ugni Blanc-Trauben) aus vier Anbaugebieten: 10 % aus den Borderies und jeweils 30 % aus den Fins Bois sowie der Grande und Petite Champagne. 500 Weinbauern und zehn Destillateure stehen bei Otard unter Vertrag. Einige lagern den jungen Cognac zwei bis vier Jahre selbst. Michel Larcarde, Kellermeister bei Otard und Neffe seines Vorgängers, bevorzugt die Destillation mit Bodensatz, insbesondere für Weine aus der Grande und Petite Champagne. Er hält nichts von »chauffe-vins«, da sie dem Destillat einen unerwünschten Beigeschmack verleihen können. Wenn das Destillat nur relativ kurz lagern soll, reift es mit höherer Alkoholstärke, zum Beispiel 65 Vol.-%. Bei längerer Faßreife reduziert Otard den Alkoholgehalt auf 55 Vol.-%. Da die Fässer nicht gleichmäßig »rauchig« sind, wird zur Regulierung des Geschmacks »boisé« zugesetzt. Die Fässer werden aus Limousineiche gefertigt.

Etwa 40% von Otards Beständen werden im Château de Cognac ausgebaut – die kostbaren alten Reserven eingeschlossen, die im sogenannten »Paradis« untergebracht sind, dem Teil des Schlosses, das im 18. Jahrhundert als Gefängnis gedient hatte. Die gelagerten Jahrgänge gehen bis ins 19. Jahrhundert zurück, wie zum Beispiel der Jahrgang 1820 (mit rauchigem Duft, ähnlich feinem alten Madeira, verbunden mit weicher, angenehmer Frucht), 1878, 1902 und 1906 (mit angenehmer, feiner, gehaltvoller Frucht). Die wirklich alten Bestände wer-

VSOP FINE CHAMPAGNE

den in großen, bauchigen Korbflaschen aufbewahrt, drei davon stammen aus den 20er Jahren des 19. Jahrhunderts. Durch den Kontakt mit der Luft nimmt die Alkoholstärke kontinuierlich ab: Der Jahrgang 1924 hat 45 Vol.-%, der Jahrgang 1906 38 Vol.-% und der Jahrgang 1820 sogar nur noch 32 bis 33 Vol.-%.

Die Verschnitte werden vor dem Abfüllen in ein Faß von 180 Hektoliter Fassungsvermögen gegeben. Die Lagerdauer in diesem Faß variiert: VS drei Monate, VSOP sechs Monate, Napoléon ein Jahr und XO 18 Monate. Otard hat bereits mehrere erwähnenswerte Auszeichnungen gewonnen: 1995 die Goldmedaille bei der Plovdiv Bulgarian International Fair und 1994 die silberne sowie 1996 die bronzene Auszeichnung bei der International Wine and Spirit Competition in Großbritannien.

»OTARD DUPUY, DER BESTE COGNAC DER WELT. SCHADE, DASS ICH IHN NICHT TRINKEN KANN.« (UM 1920)

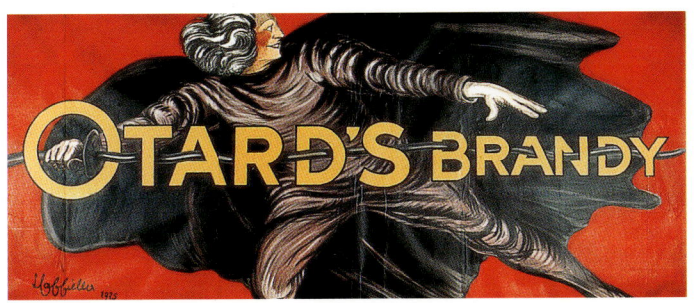

»RITTER VON OTARDS WEINBRAND« (1925)

Im Laufe der Jahre hat sich Otard durch den Stil und die dramatischen Effekte seiner Werbung und Verpackungen hervorgetan. Im Jahr 1996 kam eine Metallbox mit der typisch tränenförmigen Flasche in den Handel. Eine mexikanische Werbeanzeige von 1920 zeigt einen enttäuschten Taucher, der eine Flasche Otard auf dem Meeresgrund findet, den Schatz dort aber nicht genießen kann.

Jährlich besuchen 10 000 Touristen das Château de Cognac. Sehenswert sind insbesondere der Hof, von wo aus man die Fenster des Zimmers sehen kann, in dem 1494 der spätere König Franz I. geboren wurde. In einigen Räumen sind bis heute die Graffiti von englischen und irischen Gefangenen zu sehen, die während des Siebenjährigen Krieges auf dem Château de Cognac festgehalten wurden.

Verkostungsnotizen

VSOP

Duft von Gewürzen und Vanille; weiche Frucht am Gaumen mit leicht strenger Schärfe. **Passabel bis gut**

NAPOLÉON

Stilvoller, reicher, wärmender Duft von Trockenfrüchten; ziemlich alkoholisch, reicher Geschmack, leicht feuriger Abgang. Ein Verschnitt aus den vier besten Lagen. **Gut**

XO

Duft zeigt wahre Tiefe mit Aromen von Leder, Gewürzen und getrockneten Früchten, stilvoll; weich, sehr fruchtiger Geschmack, mittlere Länge. **Gut bis sehr gut**

EXTRA

Gefälliger, wärmender, eleganter Duft von weicher Frucht; feiner, weicher Geschmack von Aprikosen und Walnüssen, langanhaltend. **Sehr gut bis außergewöhnlich**

J. PAINTURAUD

3 RUE PIERRE GOURRY, LE PEUX, 16130 SEGONZAC
TEL.: (0033–5) 45 83 40 24/45 83 42 77
Besuche ganzjährig möglich

Die Painturauds sind seit mehreren Generationen Weinbauern in Cognac. Hippolyte Painturaud, der Großvater des heutigen Besitzers, begann 1905 mit der Neubepflanzung des durch die Reblaus zerstörten Weinbergs und installierte zu dieser Zeit auch eine Brennblase. Sein Sohn Guy war einer der ersten Winzer, die auch mit dem 1934 eingeführten Pineau des Charentes handelten.

Heute sind die 23 Hektar zu 95 % mit Ugni Blanc, 4,5 % mit Colombard und nur die restlichen 0,5 % mit Montils-Trauben bepflanzt. Der Weinberg liegt in der Grande Champagne, dem besten Anbaugebiet in der Cognac-Region.

Etwa 2500 Hektoliter Wein werden vor Ort in einer 25 Hektoliter fassenden Brennblase destilliert. Zwei Böttchereien in Segonzac fertigen die Fässer: 80 % aus Limousineiche und 20 % aus Tronçaisholz. Das Destillat lagert die ersten sieben bis neun Monate in

VIEILLE RÉSERVE GRANDE CHAMPAGNE

frischer Eiche und wird dann in Fässer mit einem durchschnittlichen Alter von zwölf Jahren umgefüllt. Die Alkoholstärke wird nach und nach um jährlich 5 Vol.-% reduziert.

Painturaud produziert 6000 Flaschen Cognac im Jahr, davon entfallen 40% auf den VSOP, 25% auf den Réserve und 30% auf den Vieille Réserve. 85% der gesamten Verkäufe erfolgen in Frankreich, 5% in den Beneluxländern und 10% im restlichen Europa. Zusätzlich verkauft Painturaud jährlich 9000 Flaschen Pineau des Charentes (weiß, rosé und zehn Jahre alt).

SORTIMENT

VSOP Grande Champagne

Réserve Grande Champagne

Vieille Réserve Grande Champagne

Hors d'Age Grande Champagne

Verkostungsnotiz

Vieille Réserve Grande Champagne

Klare, gelbbraune Farbe im Kern mit hellem, ockerfarbenem Rand; sehr ansprechender Duft von Haselnüssen und Holzrauch; gefällige Frucht, gehaltvoller Geschmack, Aprikosen, gute Länge und sehr konzentriert; etwas feurig im Abgang. **Gut**

Château PAULET

26 rue du Dominant, B.P. 24, 16101 Cognac
Tel.: (0033-5) 45 32 07 00
Besuche nach Vereinbarung

Das Unternehmen Château Paulet wurde 1848 in Jarnac gegründet und wird heute von der vierten Generation der Familie Lacroux geführt.

Bernard und Jacques Lacroux kaufen jährlich etwa 1000 Hektoliter jungen Cognac aus der Grande und Petite Champagne, den Fins Bois und den Borderies. Das Unternehmen besitzt keine eigenen Rebflächen. Für den Ausbau wird neue Limousineiche verwendet, die vorwiegend von Seguin Moreau stammt. Reiferer Cognac lagert jedoch in älteren Fässern. Die Reduzierung erfolgt mit einem Gemisch aus Cognac und destilliertem Wasser.

Jedes Jahr werden etwa 120 000 Flaschen unter dem Etikett Château Paulet verkauft. Zusätzlich gehören dem Unternehmen die Firmen

XO FINE CHAMPAGNE

Verkostungsnotiz

Château Paulet XO Fine Champagne

Bernsteinfarben; stilvolle Frucht, Aprikosen, vielschichtiger Duft; eleganter Fruchtgeschmack, Mandarinen, leicht feurige Schärfe im Abgang, gute Länge, ausgeglichen.
Sehr gut

Barnett (1869 gegründet), Dubois (1848 gegründet) und Tricoche (1820 gegründet).

Angesehene Geschäfte wie Harrods, Fauchon und Marks & Spencer sind die Hauptabnehmer von Paulet-Cognac. Die wichtigsten Absatzmärkte liegen in Europa, im Fernen Osten, in den USA und in Mexiko. Unter den attraktiven Verpackungen ist auch eine Lalique-Kristallflasche für den seltenen Fine Champagne. Auf den VS-Drei-Sterne-Cognac entfallen 50 % der Verkäufe, auf den VSOP Réserve 25 % und auf die älteren Sorten die restlichen 25 %.

Château Paulet erhielt für den XO Fine Champagne mehrere Auszeichnungen, unter anderem die Goldmedaille sowie die Cyril Ray Trophy 1993 und die Goldmedaille 1996 bei der International Wine and Spirit Competition in Großbritannien.

SORTIMENT

ECUSSON ROUGE
FÜNF STERNE

VSOP

CUVÉE SUPÉRIEURE

NAPOLÉON EXTRA

CUVÉE EXCELLENCE

XO FINE
CHAMPAGNE

BORDERIES TRÈS
VIEILLES

CARAFE XO

RÉSERVE LOUIS XVI

LALIQUE

ECUSSON ROUGE FÜNF STERNE

André PETIT et Fils

16480 Berneuil
Tel.: (0033–5) 45 78 55 44
Besucher: montags bis freitags, 8.00–12.00 und 14.00–18.00 Uhr;
samstag vormittags Gruppen nach Vereinbarung

Um 1850 kaufte der Weber M. Goulard, der Großvater einer Großmutter des heutigen Besitzers, einen Weinberg und erbaute mit der Hilfe seines Cousins, der bei Hennessy arbeitete, eine Brennerei. Als Albert Petit in die Familie eingeheiratet hatte, wurde der Name des Weinbergs 1921 zu Petit geändert.

Bis 1965 verkaufte André Petit (der Vater des heutigen Firmenleiters) seine Produktion an Hennessy, entschied sich dann aber, seine Destillate in Flaschen abzufüllen. Die Weinstöcke in den Fins Bois und der Petite Champagne liefern 80 % des heutigen Bedarfs. Sie werden bis heute von Hand gelesen. Der Ertrag liegt bei 983 Hektolitern Wein, 10–20 Hektoliter junges Destillat werden hinzugekauft.

Die Brennerei liegt in Berneuil in den Fins Bois zwischen Saintes und Pons (gleich bei der N 137). Sie verfügt über zwei Brennblasen. Der junge Cognac wird auf 60 Vol.-% Alkohol reduziert. Der Ausbau erfolgt anschließend in Limousineiche. Das Holz ist neu oder bis zu 25 Jahre alt. Der Drei-Sterne-Cognac ist vier Jahre alt.

Der lieblichere VSOP (acht bis zehn Jahre alt) hat dominierende

ANDRÉ PETIT XO

Vanille-Charakteristiken, wohingegen der 15 Jahre alte Vieille Réserve Napoléon Finesse und einen deutlichen Rancio-Charakter aufweisen soll. Nach Petit verfügt letzterer über einen »leicht milden Geschmack, verstärkt durch eine ausströmende Lebhaftigkeit – er sollte mit Ruhe und Gelassenheit genossen werden«.

Der Très Rare XO, bei dem der Rancio-Charakter mit den Aromen von »Unterholz, Vanille und reifen Pflaumen« verschmilzt, ist 25 Jahre alt. Der Hors d'Age ist die Spitzenmarke, die Réserve Familiale: Es handelt sich um einen Verschnitt aus alten Cognacs, reich an Aromen von Jasmin und Tabakblättern, mit ausgeglichenem Duft; der Geschmack soll feine Eichenaromen freisetzen.

Neben Cognac produziert Petit auch Pineau des Charentes (weiß und rosé). Der weiße Pineau wird sechs Jahre in Eichenfässern ausgebaut, der rosé reift weniger lange.

André Petit et Fils verkauft seinen Cognac vor allem in Belgien, Deutschland, Südafrika und Taiwan. Bei der Mondiale 1990 erhielt er eine Silbermedaille.

> **SORTIMENT**
>
> DREI STERNE
>
> VSOP
>
> VIEILLE RÉSERVE NAPOLÉON
>
> TRÈS RARE XO
>
> HORS D'AGE

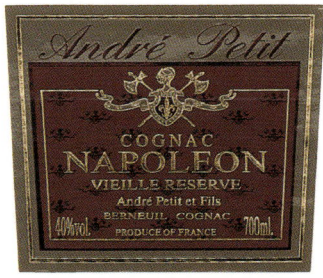
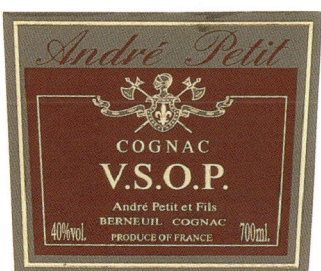

> **Verkostungsnotiz**
>
> **XO**
>
> Gelbbraune Farbe; eleganter, fruchtiger Duft mit einem Hauch von Jasmin; am Gaumen scharfe Frucht mit passabler Länge. **Sehr gut**

PLANAT

29 RUE MARGUERITE DE NAVARRE, 16100 COGNAC
TEL.: (0033–5) 45 32 28 28
Besucher: montags bis freitags, 10.00–12.00 und 14.30–16.30 Uhr
(Mai bis Oktober) sowie nach Vereinbarung

TRÈS VIEUX
COGNAC DE
PETITE
CHAMPAGNE

Planat wurde 1828 gegründet und ist ein anerkannter »éleveur« lange gereifter, feiner Cognacs. Oscar Planat, der Sohn des Gründers, wurde 1878 zum Bürgermeister von Cognac gewählt, und eine der wichtigsten Straßen der Stadt trägt seinen Namen. Jean Paul Camus, zu dessen Familie Weinbergbesitzer und namhafte »négociants« gehören, kaufte das Unternehmen Planat in den frühen 60er Jahren.

Die Cognacs des Hauses sind bekannt für ihr blumiges, würziges Aroma und ihren reichen, warmen, milden Geschmack »mit einem Anflug des typischen Charentaiser Feuers«.

SORTIMENT

VSOP

VIEUX COGNAC DE
PETITE CHAMPAGNE
RÉSERVE DES
CONNAISSEURS

TRÈS VIEUX COGNAC DE
PETITE CHAMPAGNE

GRANDE CHAMPAGNE
RÉSERVE EXTRA VIEILLE

1972 GRANDE
CHAMPAGNE

1966 FINS BOIS

Verkostungsnotizen

VSOP

Goldfarbener Kern mit schmalem, hellem Rand; erdig, schwerer Fruchtduft; gehaltvolle, am Gaumen schwere Frucht mit recht feuriger Schärfe. **Enttäuschend**

Vieux Cognac de Petite Champagne Réserve des Connaisseurs

Heller, ockerfarbener Rand und goldfarbene Erscheinung; weicher, fruchtiger Duft; leicht strenge, aber fruchtige Schärfe am Gaumen mit mittlerer Länge. **Passabel**

Très Vieux Cognac de Petite Champagne

Dunkler, goldfarbener Kern mit zitronenfarbenem Rand; recht reicher und schwerer Duft; rosinenartige Frucht, am Gaumen gehaltvoll und fein mit mittlerer Länge. **Passabel**

Grande Champagne Réserve Extra Vieille

Gelbbrauner Kern mit leichtem, hellem, zitronenfarbenem Rand; recht stilvoller Duft mit weicher, fruchtiger Schwere; am Gaumen gehaltvolle, schwere Frucht mit mittlerer Länge. **Gut**

1972 Grande Champagne

Strohfarbener Kern mit leichtem, hellem Rand; erstaunlich junger Duft mit leichter Frucht; strenge Schärfe im Abgang. **Passabel**

1966 Fins Bois

Heller bis strohfarbener Kern; gehaltvoller, gefälliger, fruchtiger Duft, vielschichtig; am Gaumen weiche Frucht mit ausgeglichener Säure; mittlere Länge. **Sehr gut**

VIEUX COGNAC DE PETITE CHAMPAGNE RÉSERVE DES CONNAISSEURS

PRUNIER

7 avenue du Général Leclerc, 16102 Cognac
Tel.: (0033–5) 45 35 00 14
Besucher: montags bis donnerstags, 8.00–11.30 und 13.00–14.00 Uhr, freitags 8.00–11.30; am Wochenende nach Vereinbarung

Jean Prunier (1665–1732), »Ehrenbürger« der Hafenstadt La Rochelle, verschiffte um 1700 als erstes Mitglied der Prunier-Familie Wein und Cognac. Sein Sohn und sein Enkel führten das Geschäft weiter. Die Familie erwarb Rebflächen bei St. Jean d'Angély in Cognac, und im frühen 19. Jahrhundert ließ sich François Prunier (1768–1843) in der Stadt Cognac nieder. Er errichtete die Geschäftsräume, die bis heute genutzt werden.

Der 1918 verstorbene Nachkomme Alphonse Prunier war kinderlos geblieben, so daß seine Witwe Camille die Geschäftsleitung ihrem Neffen Jean Burnez (1897–1969) übergab. Burnez' Sohn und seine Tochter sind heute die wichtigsten Aktionäre des Unternehmens.

Prunier besitzt weder Rebflächen noch Brennblasen, sondern kauft zwischen 300 und 400 Hektoliter ungereiften Cognac aus den Fins Bois (60 %), der Grande Champagne (25 %) und Petite Champagne (15 %). Pruniers Ziel ist es, beim Reifen und Verschneiden die Echtheit der Cognacs zu bewahren, und er ist stolz darauf, nach wie vor unabhängig zu sein.

Prunier verwendet Limousineichenfässer mit einem Durchschnittsalter von zehn Jahren. Die Fässer liefert die Böttcherei Sansaud aus Segonzac in der Grande Champagne. Pruniers jährlicher Verkauf liegt bei 500 000 Flaschen: 60 % davon VS/Drei Sterne, 20 % VSOP so-

FAMILY RESERVE XO

wie 20% bessere Qualitäten. Seit den frühen 70er Jahren exportiert Prunier auch in den Fernen Osten, seine Hauptabsatzmärkte sind nun Taiwan, Großbritannien, Belgien, die Niederlande, Japan, Hongkong und Deutschland. Prunier besitzt in Cognac ein sorgfältig restauriertes, mittelalterliches Gebäude, bekannt als Maison de la Lieutenance. Es ist zu Pruniers Warenzeichen geworden und ziert die Flaschenetiketten.

Vor kurzem erhielt Prunier für seinen Très Vieille Grande Champagne XO in San Francisco die Goldmedaille.

Der Family Reserve gehört seit über 20 Jahren zum Sortiment. Dieser Verschnitt von Cognacs aus der Grande und Petite Champagne und den Fins Bois wird nach langer Reifezeit im Eichenfaß vorgenommen. Die Cognacs in Pruniers Sortiment sind 15 bis 25 Jahre alt. Claude Burnez konnte dank seines exakten Lagerverzeichnisses das Cognac-Büro von dem genauen Alter des 20jährigen Cognacs überzeugen und erhielt die Genehmigung, auf dem Etikett den Zusatz »20 Jahre alt« zu verzeichnen.

SORTIMENT

VS

VS DREI STERNE

DE LUXE

VSOP

NAPOLÉON

FAMILY RESERVE XO

TRÈS VIEILLE GRANDE CHAMPAGNE

20 JAHRE ALT

Verkostungsnotizen

FAMILY RESERVE XO

Relativ dunkle, gelbbraune Farbe, fruchtiger, holziger Duft; passable Frucht, aber zu alkoholisch, mittlere Länge. **Passabel**

20 JAHRE ALT

(ENTHÄLT DIE JAHRGÄNGE 1969 UND 1970; 1994 ABGEFÜLLT)

Helle Farbe; strohfarbener Kern mit langem, wäßrig-zitronenfarbenem Rand; Duft von feinem Holzrauch und Anflug von Aprikosen; feste Frucht am Gaumen, hohe Qualität, mittlere Länge, wenn auch leicht feurige Schärfe.

Sehr gut

RAGNAUD-SABOURIN

> Domaine de la Voûte, 16300 Ambleville
> Tel.: (0033–5) 45 80 54 61
> Besucher: montags bis freitags, 9.00–12.00 und 14.00–17.30 Uhr

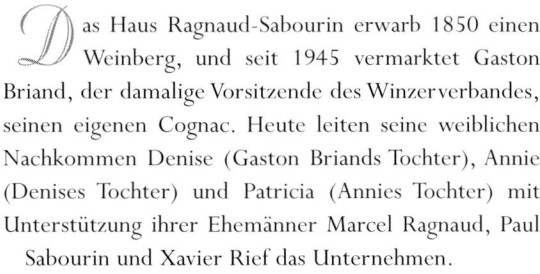

Das Haus Ragnaud-Sabourin erwarb 1850 einen Weinberg, und seit 1945 vermarktet Gaston Briand, der damalige Vorsitzende des Winzerverbandes, seinen eigenen Cognac. Heute leiten seine weiblichen Nachkommen Denise (Gaston Briands Tochter), Annie (Denises Tochter) und Patricia (Annies Tochter) mit Unterstützung ihrer Ehemänner Marcel Ragnaud, Paul Sabourin und Xavier Rief das Unternehmen.

Auf den firmeneigenen 50 Hektar in der Grande Champagne werden überwiegend Ugni Blanc-Trauben angebaut und nur zu einem kleinen Teil Folle Blanche. Destillate aus anderen Anbaugebieten werden nicht hinzugekauft. Die Destillate reifen in Limousineiche, da Tronçaisholz nach Firmenangaben die Tannine nicht schnell genug frei setzt. Der frisch destillierte Cognac bleibt mindestens neun Monate in neuem Holz. Weder »Boisé« noch Karamel werden zugesetzt, und eine Kältefiltration wird nicht durchgeführt, um Trub zu vermeiden. Der Cognac reift überwiegend mit 60 Vol.-% Alkohol.

Auf dem Besitz in Ambleville lagern umfangreiche Bestände, die den jährlichen Bedarf um das 15–17fache überschreiten – so sind reife Verschnitte längerfristig sichergestellt.

Sämtliche Cognacs kommen mit einem Alkoholgehalt in den Handel, der über den üblichen 40 Vol.-% liegt. Der Grande Champagne ist mindestens vier Jahre alt und wird zwei bis drei Monate nach der Destillation reduziert. Er wird mit

RAGNAUD-SABOURIN GRANDE CHAMPAGNE

einem Alkoholgehalt von 41 Vol.-% abgefüllt, wie auch der zehn Jahre alte VSOP. Sowohl der Réserve Spéciale (20 Jahre alt) als auch Fontvieille (35 Jahre alt und nach dem ältesten Teil des Weinbergs benannt) enthalten 43 Vol.-% Alkohol. Florilège erreicht ohne Reduzierung im Laufe seiner 45jährigen Reife 46 Vol.-%. Der Héritage Ragnaud schließlich ist ein Verschnitt aus den drei Jahrgängen 1902 bis 1904 und hat, wie auch Le Paradis, einen Alkoholgehalt von 41 Vol.-%. Letzterer ist ein feiner Verschnitt aus Cognacs, die um 1900 (90 %) oder sogar noch vor 1870 (10 %) destilliert wurden.

SORTIMENT

GRANDE CHAMPAGNE

VSOP

RÉSERVE SPÉCIALE

FONTVIEILLE

FLORILÈGE

HÉRITAGE RAGNAUD

LE PARADIS

Verkostungsnotizen

GRANDE CHAMPAGNE

Helle Strohfarbe; einladender, fruchtiger, warmer Duft; gehaltvoller, vielschichtiger Geschmack, gute Länge, aber leicht strenge Schärfe im Abgang.
Gut

VSOP

Strohfarbene bis blaßgoldene Erscheinung; feiner, gefälliger, fruchtiger Duft in Kombination mit Vanille; passable Frucht am Gaumen, aber charakteristisch strenge Schärfe und kurze Länge.
Passabel bis gut

RÉSERVE SPÉCIALE

Blaßgolden bis strohfarben; schwacher Duft von feiner Frucht; wärmender, guter, fruchtiger Geschmack, mehrere Schichten und alkoholische Schärfe. **Gut**

FONTVIEILLE

Goldfarbene Erscheinung; gefällige, stilvolle Frucht kombiniert mit einem gehaltvollen Duft von Honig; weicher, gehaltvoller, eleganter Geschmack, langanhaltend, etwas Rancio-Charakter. **Sehr gut**

FLORILÈGE

Goldfarbene Erscheinung mit langem, ockerfarbenen Rand; komplexer Duft von getrockneten Früchten, gehaltvoll und vielschichtig; mittlere Länge. **Sehr gut**

LE PARADIS

Goldfarbener Kern mit breitem, hellem, zitronenfarbenem Rand; sehr weich, angenehme Frucht und stilvoller Duft; Geschmack zeigt weiche, stilvolle Frucht mit Zitrustönen; ausgeglichen, langanhaltend.
Sehr gut bis außergewöhnlich

Raymond RAGNAUD

> Le Château, 16300 Ambleville
> Tel.: (0033–5) 45 80 54 57
> Besucher: 8.00–12.00 und 13.30–17.30 Uhr

EXTRA VIEUX

Das Château d'Ambleville im Herzen der Grande Champagne ging 1920 in den Besitz Paul Ragnauds über. Im Jahr 1941 übernahm sein Sohn Raymond den Weinberg und spezialisierte sich auf feine, alte Cognacs. Nach seinem Tod 1963 haben seine Frau und seine beiden Kinder (Jean-Marie Ragnaud und Françoise Bricq) die Rebflächen auf 44 Hektar erweitert, die sich alle in der Grande Champagne, also in den besten Lagen befinden: bei Ambleville, Hauteneuve und Chez Cormier.

Gut 5600 Hektoliter Wein werden ausschließlich aus Ugni Blanc-Trauben gewonnen und in zwei Brennblasen zu etwa 400 Hekto-

SORTIMENT

Sélection

Réserve

Vieille Réserve

Grande Réserve

Réserve Rare

Extra Vieux

Hors d'Age

Très Vieille Grande Champagne

Héritage

litern Cognac destilliert. Nach der Reifung in Limousineiche, die mit einer geringen Verdunstung einhergeht, liegt der Ertrag bei etwa 45 000 Flaschen.

Neun verschiedene Cognac-Sorten sind von Raymond Ragnaud erhältlich: Sélection (drei bis vier Jahre alt), Réserve (sieben Jahre), Vieille Réserve (15 Jahre, 41 Vol.-% Alkohol), Grande Réserve (15 Jahre, 44 Vol.-%), Réserve Rare (18 Jahre, 41 Vol.-%), Extra Vieux (25 Jahre, 42 Vol.-%), Hors d'Age (35 Jahre, 43 Vol.-%), Très Vieille Grande Champagne aus dem Jahr 1952 (50 Vol.-%) und Héritage aus dem Jahr 1906 (45 Vol.-%). Darüber hinaus wird ein sechs Jahre alter Pineau des Charentes produziert, den Ragnaud als Aperitif empfiehlt.

Raymond Ragnauds Cognacs werden in Deutschland, Belgien, Italien, Großbritannien, Japan und in der Schweiz verkauft. Einige bedeutende französische Restaurants führen Ragnaud-Cognacs, beispielsweise La Tour d'Argent, Ritz und Miraville in Paris, Crocodile (Straßburg) und Carlton (Cannes).

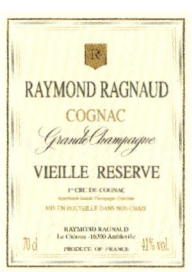

Verkostungsnotiz

RAYMOND RAGNAUD EXTRA VIEUX GRANDE FINE CHAMPAGNE

Helle, gelbbraune Farbe im Kern mit langem, zitronenfarbenem Rand; eleganter, vielschichtiger Duft, Pflaumen; Geschmack von Haselnüssen und Frucht, stilvoll, langanhaltend. **Sehr gut**

RÉMY MARTIN

20 rue de la Société Vinicole, 16102 Cognac
Tel.: (0033–5) 45 35 76 00
Besucher: ganzjährig; von April bis Oktober Touren mit dem Zug

Das Unternehmen Rémy Martin ist nach seinem Gründer benannt, der im Februar 1695 als Sohn eines Weinbauern in der Nähe von Rouillac, einer kleinen Stadt nordöstlich von Jarnac, geboren wurde. Rémy Martin heiratete im Alter von 19 Jahren die Tochter eines Notars aus Lignères. Das von ihm gegründete Unternehmen war sehr erfolgreich, da Martin die Notwendigkeit erkannt hatte, Cognacreserven schon Jahre im voraus anzulegen. Sein Enkel, der gleichzeitig eine Stelle als Steuereintreiber innehatte, trat seine Nachfolge an. Dessen Sohn wiederum übernahm 1821 die Leitung des erfolgversprechenden Geschäfts. Der Cognac-Handel in der Region wuchs in der Tat zwischen 1810 und den frühen 20er Jahren von gut 20 000 auf über 102 200 Hektoliter an.

Sein Nachfolger, Emile Rémy Martin, begann Mitte des 19. Jahrhunderts damit, Cognac in Flaschen abzufüllen, setzte aber auch den traditionellen Verkauf im Faß fort. Von ihm stammt das Firmenlogo mit dem Zentauren, und 1874 ließ er die ersten Warenzeichen registrieren – kurz bevor die Weinberge durch

VSOP FINE CHAMPAGNE

die Reblaus Phylloxera geschädigt wurden. Die Erträge in der Region sanken innerhalb von drei Jahren von 140 056 000 Hektolitern 1875 auf unter die Hälfte.

Paul Rémy Martin gelang es später, die Marke in Australien, Skandinavien und den USA auf dem Markt zu etablieren, er führte das Unternehmen mit seinem Lebensstil jedoch an den Rand des Ruins.

André Renaud, der Sohn eines Winzers aus der Grande Champagne, bewahrte Rémy Martin vor dem Konkurs. Er konzentrierte das Geschäft stärker auf die Destillation von Weinen aus einem kleineren Gebiet – 1927 kam VSOP Fine Champagne in den Handel. Die Bezeichnung »Very Superior Old Pale« stammte aus dem

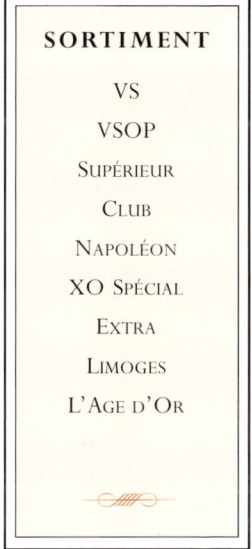

SORTIMENT

VS

VSOP

SUPÉRIEUR

CLUB

NAPOLÉON

XO SPÉCIAL

EXTRA

LIMOGES

L'AGE D'OR

18. Jahrhundert und galt lange gereiften Cognacs. Renaud hatte sich mit dem Gesetz der Herkunftsbezeichnungen vertraut gemacht und beschlossen, eine Marke einzuführen, die aus zwei Anbaugebieten stammt. Mit Hilfe von Pierre Rivière und Otto Quien stieg der Absatz.

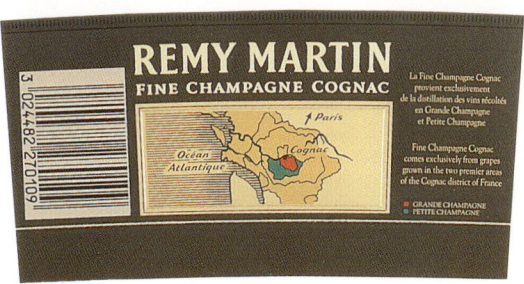

1936 wurde der renommierte Verschnitt Louis XIII in einer Bakkarat-Kristallkaraffe präsentiert. Bis zu Renauds Tod 1965 hatte das Unternehmen umfangreiche Bestände angelegt und verkaufte jährlich etwa 300 000 Kisten – damit war Rémy Martin bei erlesenen Spitzencognacs marktführend.

Bei Rémy Martin erkannte man, daß eine weitere Expansion noch größere Lagerbestände erforderte, obwohl bereits für jede verkaufte Flasche acht »Flaschen« in den Fässern der Lagerhallen reiften. Daher wurden Winzerverbände gefördert, und der erste Liefervertrag über mehr als 10 000 Hektoliter von 250 Weinbauern wurde 1966 unterzeichnet. 20 Jahre später gehörten dieser Champaco-Genossenschaft bereits 2000 Weinbauern an, die knapp 8000 Hektar Land bestellten.

Renauds Nachfolger André Heriard Dubreuil, errichtete in den späten 60er Jahren außerhalb von Cognac eine moderne Produktionsstätte und führte die Mattglasflasche für den VSOP ein. Im Jahr 1970 wurde als Tochterunternehmen die größte Böttcherei Europas, Seguin-Moreau, errichtet. Sie fertigt jedes Jahr rund 30 000 Fässer ausschließlich aus Limousineiche. Der derzeitige Kellermeister, Georges Clot, experimentiert allerdings auch mit russischer Eiche.

Heute ist Rémy Martin an der Pariser und Frankfurter Börse präsent und hat inzwischen drei Champagnerhäuser (Krug, Charles Heidsieck und Piper-Heidsieck) sowie De Luze aufgekauft. Die Fusion mit Cointreau erfolgte 1990.

RÉMY MARTIN VSOP AUF EIS

Das Cognac-Verzeichnis

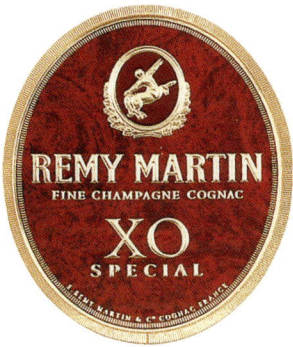
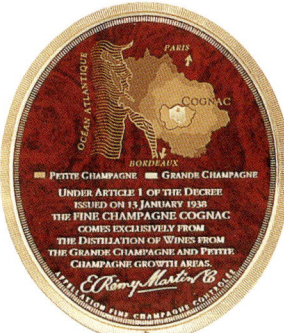

XO SPÉCIAL

Das Unternehmen Rémy Martin besitzt 200 Hektar Land, die nicht mehr als 3% des Bedarfs decken. Etwa 1800 Weinbauern stehen unter Vertrag. Die große Mehrzahl der Destillate stammt von Ugni Blanc-Trauben, hinzu kommen kleinere Mengen Colombard und Folle Blanche. Rémy Martin besitzt insgesamt vier Brennereien, und zwar in Gensac, Juillac-le-Coq, St. Même und Touzac.

Das Destillationsverfahren schließt die Erwärmung des Weins in einem »chauffe-vin« ein, allerdings erst dann, wenn die malolaktische Gärung des Weins abgeschlossen ist. Die Destillation erfolgt mit Bodensatz, um die Fruchtigkeit zu erhöhen. Vor dem Ausbau werden sämtliche Qualitäten – mit Ausnahme der für den Louis XIII bestimmten – mit demineralisiertem Wasser auf 60 Vol.-% Alkohol reduziert.

Jährlich werden etwa 20 Millionen Flaschen verkauft, davon zwischen 60 und 65% VSOP. Sämtliche Qualitäten kommen mit einem Alkoholgehalt von 40 Vol.-% in den Handel. Exporte gehen in mehr als 165 Länder, und die größten Umsätze verzeichnet das Unternehmen in China, Japan, Vietnam, Singapur, Taiwan, in den USA, Kanada, Deutschland, Großbritannien, in den Niederlanden und in Österreich. Als jüngste Auszeichnung erhielt Rémy Martin bei den Sélections Mondiales in Montreal (Kanada) 1996 die Goldmedaille für den XO Spécial Fine Champagne.

Der VSOP ist im Durchschnitt sieben Jahre alt, der Napoléon zwischen 15 und 17 Jahren, der XO 21 Jahre, der Extra (für den Duty-free-Markt) 30 Jahre und der Louis XIII über ein halbes Jahrhundert.

KELLERMEISTER GEORGES CLOT BEI DER ARBEIT

LOUIS XIII-KARAFFE

Verkostungsnotizen

VSOP

Ziemlich schwerer Fruchtduft; der Geschmack ist von mittlerer Fruchtigkeit; mittlere Länge und alkoholische Schärfe. **Passabel bis gut**

LOUIS XIII

Sehr stilvoller Duft, reich, gefällige Frucht; feiner, gehaltvoller Geschmack, weich, vielschichtig ohne strenge Töne, mittlere Länge. **Sehr gut**

RENAULT BISQUIT

> DOMAINE DE LIGNÈRES, 16170 ROUILLAC
> TEL.: (0033–5) 45 21 88 88
> Besucher: von Juni bis September

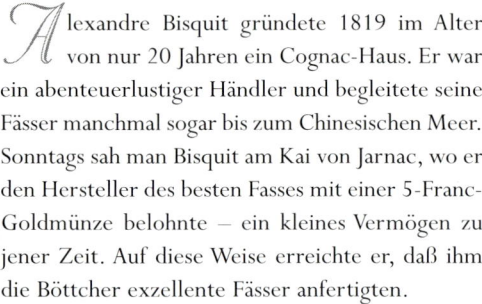

Alexandre Bisquit gründete 1819 im Alter von nur 20 Jahren ein Cognac-Haus. Er war ein abenteuerlustiger Händler und begleitete seine Fässer manchmal sogar bis zum Chinesischen Meer. Sonntags sah man Bisquit am Kai von Jarnac, wo er den Hersteller des besten Fasses mit einer 5-Franc-Goldmünze belohnte – ein kleines Vermögen zu jener Zeit. Auf diese Weise erreichte er, daß ihm die Böttcher exzellente Fässer anfertigten.

Im Jahr 1963 vereinigte sich Renault Bisquit mit Castillon, 1991 schloß sich das Unternehmen der Pernod Ricard-Gruppe an. Bisquit schloß sich 1965 mit Paul Ricard zusammen, und seit 1974 heißt das Unternehmen Pernod Ricard. Seit 1991 ist das Cognac-Geschäft der Gruppe unter dem Namen Renault Ricard bekannt.

Heute ist Renault Bisquit das einzige große Cognac-Haus, das die gesamte Produktion und Verwaltung an einem Ort abwickelt. Auf dem 345 Hektar großen Besitz in den Fins Bois nahe bei Rouillac (nordöstlich von Jarnac) befinden sich die Brennerei (die größte in der Charente-Region), die Böttcherei, die Keller, die Abfüllfabrik und die Büros. Auf dem zum Château de Lignères gehörenden Besitz wird 204 Hektar Wein angebaut. Der Weinberg liegt 160 Meter über dem Meeresspiegel, die Weinstöcke knospen da-

RENAULT CARTE NOIR EXTRA

her etwas später als an anderen Orten und leiden weniger unter Frühjahrsfrösten. Die Rebflächen decken je nach Jahrgang nur 12–18 % von Renault Bisquits Bedarf. Die Brennerei verfügt über 64 Brennblasen und ist so groß, daß der Destillateur in den entscheidenden fünf Monaten nach der Gärung des Weins ein Fahrrad benutzt. Sogar über Weihnachten und Neujahr wird die Destillation Tag und Nacht fortgesetzt. Sie erfolgt ohne Bodensatz. Um mehr Fruchtigkeit zu erhalten, wird der Rückstand aus der zweiten Gärung mit dem »brouillis« vermischt.

Das Rohdestillat reift in Fässern, die zu 70 % aus Tronçaiseiche und zu 30 % aus Limousineiche gefertigt sind. Die Fässer werden ausschließlich in der firmeneigenen Böttcherei hergestellt, wo jeder Handwerker drei 3,5-Hektoliter-Fässer pro Tag anfertigt, die jeweils aus etwa 30 Dauben bestehen. Obwohl die Fässer eigentlich nur drei Jahre trocknen müßten, läßt das Renault Bisquit sie fünf Jahre liegen.

Seit über 20 Jahren ist Jacques Rouvière Kellermeister bei Renault Bisquit. Seiner Meinung nach »trinkt ein guter Charentais den Cognac seines Vaters und bereitet den seines Sohnes vor«. Die Erfahrung und die Intuition des angesehenen Önologen sichern die Kontinuität und den Charakter des Sortiments von Renault Bisquit. Die Lagerbestände gehen bis zu einem Grande Champagne aus dem Jahr 1819 zurück — dem Gründungsjahr des Unternehmens.

Viele namhafte Persönlichkeiten waren Kunden bei Renault Bisquit: Sowohl König Georg VI. als auch Winston Churchill tranken Bisquit-Cognac, und von letztgenanntem wird behauptet, daß er nie einen anderen Cognac zu seinen Double-Corona-Zigarren gewählt habe.

SORTIMENT

BISQUIT DREI STERNE CLASSIQUE

BISQUIT VSOP FINE CHAMPAGNE

BISQUIT PRESTIGE FINE CHAMPAGNE

BISQUIT NAPOLÉON FINE CHAMPAGNE

BISQUIT PASSION VSOP

BISQUIT XO EXCELLENCE FINE CHAMPAGNE

BISQUIT EXTRA GRANDE CHAMPAGNE

BISQUIT L'ETERNITÉ GRANDE CHAMPAGNE

BISQUIT PRIVILÈGE D'ALEXANDRE GRANDE CHAMPAGNE

BISQUIT FLEUR

BISQUIT CAMARADE

BISQUITE CHÂTEAU DE LIGNÈRES VIEILLE RÉSERVE PRIVÉE

RENAULT CARTE NOIRE EXTRA

RENAULT CARTE D'ARGENT EXTRA

Verkostungsnotizen

BISQUIT DREI STERNE CLASSIQUE

Drei Sterne (in Frankreich und der Schweiz) oder Classique genannt. Duft zeigt weiche Frucht; Geschmack mit feuriger Schärfe. **Passabel**

VSOP FINE CHAMPAGNE

Einladender Duft von warmen, weichen Früchten; weicher Fruchtgeschmack, mittlere Länge, aber ziemlich alkoholisch. **Gut**

NAPOLÉON FINE CHAMPAGNE

Sehr weicher, warmer Fruchtduft; klarer Geschmack mit weicher Frucht, mittlere Länge, aber leicht alkoholisch im Abgang. **Gut bis sehr gut**

XO EXCELLENCE FINE CHAMPAGNE

Sehr weicher, stilvoller und eleganter Duft; Geschmack von hoher Qualität, weist angenehme Eleganz und mittlere Länge auf. **Sehr gut**

EXTRA GRANDE CHAMPAGNE

Reicher, vielschichtiger, fruchtiger Duft; reicher Fruchtgeschmack, mittlere Länge; ausgeglichen. **Sehr gut**

L'ETERNITÉ GRANDE CHAMPAGNE

Rauchiger, sehr weicher, Duft; weicher, vielschichtiger Geschmack, fein und stilvoll mit guter Länge. **Außergewöhnlich**

PRIVILÈGE D'ALEXANDRE GRANDE CHAMPAGNE

(90 BIS 100 JAHRE ALT, MINDESTALTER 80 JAHRE)

Reicher, fruchtiger und vielschichtiger Duft; am Gaumen wärmende, gefällige Frucht, langanhaltend. Bis zu 41,5 Vol.-% Alkohol ohne Zugabe von Zucker oder Wasser. **Außergewöhnlich**

CHÂTEAU DE LIGNÈRES VIEILLE RÉSERVE PRIVÉE

Weicher, leicht fruchtiger Duft; stilvoller, weicher Fruchtgeschmack ohne strenge Töne. Keine Zugabe von Karamel. Nur 10 % der Ernte des Weinbergs werden für diesen Cognac verwendet. **Gut bis sehr gut**

RENAULT CARTE NOIRE EXTRA

Auf ihn entfallen vier Fünftel von Renaults Verkäufen. Relativ schwerer Duft von weichen Früchten; der Geschmack ist ebenfalls schwer, weich und fruchtig, mittlere Länge und etwas schwerfällig im Abgang. **Passabel**

RENAULT CARTE D'ARGENT EXTRA

Warmer, feiner Duft mit deutlicher Frucht; sehr weicher Geschmack ohne strenge Schärfe, ziemlich trocken, mittlere Länge. **Gut bis sehr gut**

Louis ROYER

27–29 rue du Chail, B.P. 12, 16200 Jarnac
Tel.: (0033-5) 45 81 02 72
Besuche nach Vereinbarung

Louis Royer wuchs in Jarnac auf. Bereits in jungen Jahren eignete er sich ein umfangreiches Wissen über Weinberge, die Weinherstellung und den Destillationsprozeß an, und mit 20 Jahren war er bereits Kellermeister. Vier Jahre später gründete Royer dort, wo er aufgewachsen war, sein eigenes Cognac-Haus, baute eine Lagerhalle und errichtete wenig später eine Böttcherei und eine Brennerei. Über vier Generationen blieb die Firmenleitung in der Familie. Im Jahr 1989 wurde das Unternehmen von Suntory aufgekauft. Heute beschäftigt Louis Royer 58 Mitarbeiter und ist mit einem Umsatz von knapp 80 Millionen DM das siebtgrößte Haus in der Branche. Louis Royer besitzt keine Weinberge, kauft aber knapp 80 000 Hektoliter Wein aus Ugni Blanc-Trauben und gut 5000 Hektoliter ungereiften Cognac aus den Fins Bois sowie der Grande und Petite Champagne. Das Unternehmen besitzt eine Brennerei in Aumagne im Départment

LOUIS ROYER XO

Charente Maritime und kauft zusätzlich alte Cognacs von den »bouilleurs de cru«.

Der Alkoholgehalt des Cognacs wird vor der Reifung in Limousineiche (70 %) und auch Tronçaiseiche (30 %) auf 50–55 Vol.-% reduziert.

Nur 1 % der Ware wird in Frankreich verkauft; die Jahresproduktion von gut

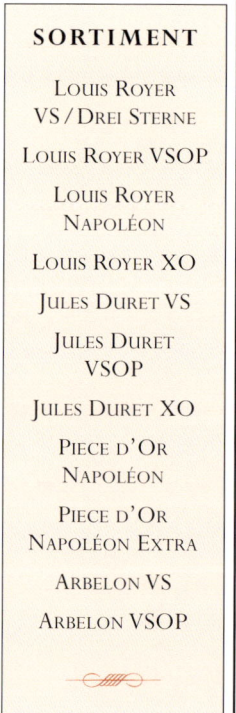

SORTIMENT

Louis Royer
VS / Drei Sterne

Louis Royer VSOP

Louis Royer
Napoléon

Louis Royer XO

Jules Duret VS

Jules Duret
VSOP

Jules Duret XO

Piece d'Or
Napoléon

Piece d'Or
Napoléon Extra

Arbelon VS

Arbelon VSOP

LOUIS ROYER VS

25 000 Hektolitern wird in andere europäische Länder oder nach Asien exportiert. Der XO, ein Verschnitt aus den Lagen Grande und Petite Champagne und den Borderies, gewann 1996 bei den Sélections Mondiales in Montreal die Bronzemedaille und 1992 beim Concours de Spiriteux in Lausanne die Goldmedaille.

Verkostungsnotiz

LOUIS ROYER XO

(ATTRAKTIVE, RECHTECKIGE KARAFFE MIT SCHWEREM VERSCHLUSSPFROPFEN)

Mittlerer gelbbrauner Kern mit breitem, hellem, zitronenfarbenem Rand; gehaltvoller, vielschichtiger Duft mit gutem Extrakt, Haselnüsse und Vanille; reicher, deutlich fruchtiger Geschmack, lebhafter Stil, ziemlich mild, mittlere Länge. **Sehr gut**

LOUIS ROYER VSOP

M. TIFFON

B.P. 15, 16200 Jarnac
tel.: (0033–5) 45 36 87 00

Méderic Tiffon gründete sein Unternehmen 1875. Die 40 Hektar Weinberge in der Grande Champagne und in den Fins Bois bringen einen Ertrag von gut 4500 Hektolitern, darüber hinaus kauft das Unternehmen bei 350 Weinbauern Weißwein. Der insgesamt produzierte Cognac stammt zu 10 % aus den Borderies sowie zu jeweils 30 % aus den Fins Bois und der Grande und Petite Champagne.

TIFFON VSOP FINE CHAMPAGNE

Tiffon verfügt in Jarnac über zehn Brennblasen. Die Destillate reifen zu 70% in Alliereiche und zu 30% in Tronçaiseiche. Die Lagerbestände von insgesamt 15 000 Fässern entsprechen etwa zwölf Millionen Flaschen.

Den Hauptumsatz sichern 150 000 Flaschen VS, 30 000 Flaschen VSOP, 10 000 Flaschen Napoléon und 5000 Flaschen XO. Die Verschnitte der besseren Qualitäten stammen aus der Grande und Petite Champagne. Die besten Cognacs werden von Philippe und Antoine Braastad verschnitten.

SORTIMENT

VS

VSOP

NAPOLÉON

XO

VIEUX SUPÉRIEUR

GRANDE CHAMPAGNE

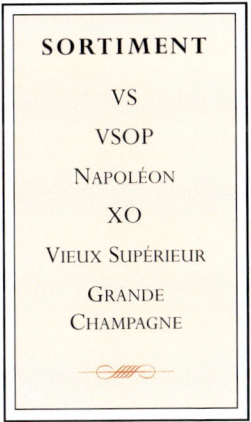

TIFFON XO
FINE
CHAMPAGE

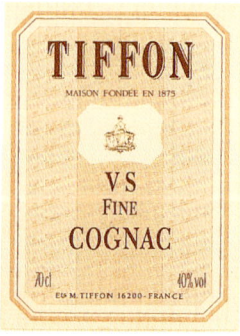 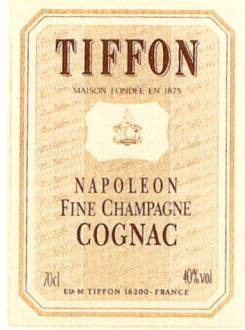

Verkostungsnotizen

TIFFON VSOP FINE CHAMPAGNE

Tiefes Bernsteingold, deutlicher ockerfarbener Rand; ansprechender Duft von Früchten und Kaffee; feine, feurige Frucht am Gaumen, gute Länge.
Gut

TIFFON XO FINE CHAMPAGNE
(IN EINER ATTRAKTIVEN OVALEN FLASCHE)

Kern in mittlerem Goldbraun mit deutlichem mittelgoldenem Rand; vielschichtiger Duft, reiche Rancio-Frucht, gute Holzentwicklung; angenehme Frucht, vielschichtiger Geschmack, reicher Extrakt, gute Länge, ausgeglichen, stilvoll.
Sehr gut

TRIJOL

2 Impasse du Paradis, 17520 St. Martial sur Né
Tel.: (0033–5) 46 49 52 18
Besucher: montags bis freitags nach Vereinbarung

Seit dem Jahr 1859 sind die Trijols Weinbergbesitzer und Destillateure, eine Tradition, die seither an fünf Generationen weitergegeben wurde. Heute werden die Unternehmen Maxime Trijol und Duboigalant, die sich zusammengeschlossen haben, in St. Martial sur Né in der Petite Champagne von Jean Jacques Trijol geleitet.

Nur ungefähr 3 % von Trijols Weinbedarf stammen von den firmeneigenen 40 Hektar Anbaufläche, die etwa je zur Hälfte in der Grande und Petite Champagne liegen. Der Weinberg in der Grande Champagne liegt bei Salle d'Angles westlich von Segonzac, die Anbauflächen in der Petite Champagne zum Teil bei Archiac, zum Teil bei St. Martial sur Né südlich von Celles. Der eigene Grund und Boden liefert jährlich etwa 3000 Hektoliter Wein, und zwischen 80 000 und 102 200 Hektoliter Wein und gut 5000 Hektoliter Rohdestillat werden hinzugekauft. Jeweils etwa 30 % stammen aus der Grande und Petite Champagne und den Fins Bois, die verbleibenden 10 % aus den Borderies.

Die Brennerei ist mit 18 Brennblasen ausgestattet. Das Destillat reift in Limousineiche, von der etwa ein Viertel neu ist. Zusätzlich zu seinen Aktivitäten als »bouilleur de cru«

TRIJOL VSOP

verkauft Trijol verschiedene Cognacs unter eigenem Etikett oder unter dem des assoziierten Hauses. Der VS reift mit einem Alkoholgehalt von 67 Vol.-%, der VSOP mit 62 Vol.-%, der VSOP Supérieur mit 58 Vol.-% und der XO (der ein sehr alter Cognac werden soll) mit 50 Vol.-%. Der Alkoholgehalt wird durch die Zugabe von destilliertem Wasser herabgesetzt. Weder »boisé« noch Zucker oder Siruplösungen werden zugefügt.

Trijol empfiehlt seinen VS und VSOP als Aperitifs und den VSOP Supérieur und XO als Digestifs. Jährlich werden etwa 120 000 Flaschen VS produziert, 60 000 Flaschen VSOP, 30 000 Flaschen VSOP Supérieur und 15 000 Flaschen XO (dessen Flasche einen eleganten, sich verschmälernden Hals hat). Viele europäische und südostasiatische Länder importieren Trijol-Cognacs.

Der XO Maxime Trijol gewann 1996 bei der International Wine and Spirit Competition in Großbritannien die Bronzemedaille.

Das Sortiment des assoziierten Hauses Duboigalant (siehe Seite 104) wird ausschließlich aus Weinen von den Weinbergen der Familie Trijol in der Grande Champagne hergestellt.

SORTIMENT

TRIJOL VS

TRIJOL VSOP

TRIJOL VSOP SUPÉRIEUR

TRIJOL NAPOLÉON

TRIJOL XO

DUBOIGALANT VSOP

DUBOIGALANT VSOP SUPÉRIEUR

Verkostungsnotizen

VSOP

Helle Zitronenfarbe, derber, ziemlich scharfer Fruchtduft; derber, scharfer, fruchtiger Geschmack mit kurzer Länge. **Enttäuschend**

VSOP SUPÉRIEUR

Mittlere Ockerfarbe; eleganter, fruchtiger Duft; gute Frucht, Karamel, gute Länge; ausgeglichen. **Gut bis sehr gut**

MAXIME TRIJOL XO

(ATTRAKTIVE KARAFFE MIT EINGEPRÄGTER BOURBONENLILIE)

Im Kern mittlere, gelbbraune Farbe, wäßrig-zitronenfarbener Rand; nussiger, weicher, leichter Fruchtduft, ansprechend, Sekundärduft zeigt Vanille; am Gaumen reich, mild, scharf, leicht pfeffriger Abgang. **Gut**

UNICOOP

49 rue Lohmeyer, B.P. 35, 16102 Cognac
Tel.: (0033–5) 45 82 45 77

*Besucher: 9.00–19.00 Uhr;
geführte Rundgänge auf Englisch und Deutsch*

Der Union Coopérative de Viticulteurs Charentais gehören über 1000 Weinbauern sowie die größten Sonnenblumenproduzenten Europas und Viehzüchter an. Die vertretenen Cognac-Häuser sind zu 45 % in den Fins Bois, zu 35 % in den Bons Bois und zu 20 % in den drei Anbaugebieten Borderies, Grande und Petite Champagne ansässig. Die Genossenschaft wurde 1929 gegründet. Jährlich verkauft sie etwa 6,25 Millionen Flaschen, 70 % davon werden exportiert.

Elf Brennereien sind bei Unicoop zusammengeschlossen, die über insgesamt 60 Brennblasen verfügen, in denen jährlich knapp 250 000 Hektoliter Wein gebrannt werden. Die Reifung erfolgt in etwa 32 250 Fässern mit einem Fassungsvermögen von jeweils 150–500 Hektolitern. Die Bestände von reinem Alkohol liegen bei fast 80 000 Hektolitern.

PRINCE HUBERT DE POLIGNAC VSOP

Unicoop erwärmt den Wein in einem »chauffe-vin« und zieht die Destillation mit Bodensatz vor. Eine Sirupanpassung wird im Verschnittstadium vorgenommen, nicht länger als ein Jahr vor der Abfüllung. Die Reifung erfolgt je zur Hälfte in Limousin- und Tronçaiseiche.

Die Genossenschaft hat auch die Aufsicht über die Firma Henri Mounier bei Le Laubaret, vier Kilometer außerhalb der Stadt Cognac. Ihre Abfüllkapazität liegt bei 76 000 Flaschen pro Tag.

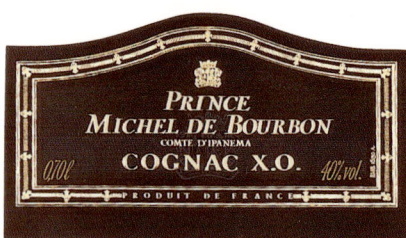

SORTIMENT

Prince Hubert de Polignac Drei Sterne

Prince Hubert de Polignac VSOP

Prince Hubert de Polignac Super

Prince Hubert de Polignac Napoléon

Prince Hubert de Polignac Very Old Pale

Prince Hubert de Polignac XO Royal

Prince Hubert de Polignac Dynasty

Prince Michel de Bourbon Comte d'Ipanema

Paul Bocuse

Henri Mounier

Grande Monarque

De Chabrac

De Bonnefont

La Fayette

Paysans Charentais

Vigier Latour

Unicoop verwendet unterschiedliche Etiketten für seinen Cognac, der in 65 Länder verkauft wird. Die wichtigste Marke ist jedoch Prince Hubert de Polignac. Unicoop verkauft auch Pineau des Charentes (2,5 Millionen Flaschen, 40 % Export) und regionale Weine.

Polignac ist der Name der ältesten französischen Adelsfamilie, die bis ins 9. Jahrhundert zurückverfolgt werden kann. Zu den Familienmitgliedern zählen der Cardinal de Polignac (im 17. Jahrhundert Botschafter in Polen und Rom) sowie die Duchesse Yolande de Polignac, die eine enge Freundin Marie-Antoinettes war.

Verkostungsnotizen

PRINCE HUBERT DE POLIGNAC VSOP

Fruchtiger Duft; am Gaumen weiche Frucht, strenge Schärfe im Abgang, kurze Länge. **Passabel**

PRINCE HUBERT DE POLIGNAC DYNASTY

Schwerer Fruchtduft; dem Geschmack mangelt es an Stil, Fruchttöne nicht vereinigt; strenge Schärfe im Abgang, mittlere Länge. **Passabel**

PRINCE HUBERT DE POLIGNAC XO ROYAL
(IN EINER ATTRAKTIVEN KARAFFE)

Tiefgoldener Kern mit leichtem, zitronenfarbenem Rand; warmer, kompakter, fruchtiger Duft, ein Hauch Tabak, ein Anflug Alkohol; geschmeidiger, fruchtiger Geschmack, mittlere Länge; feurige Schärfe im Abgang, ausgeglichen.

Passabel bis gut

Glossar

Alembic Destilliergerät
BNIC Bureau National Interprofessionnel du Cognac
Bodensatz Gärungsrückstand
Boisé Lösung aus in Cognac eingelegten Eichenholzspänen, die den holzigen Charakter erhöhen
Bonne Chauffe Zweiter Brand
Bouilleur Destillateur
Bouilleur de Cru Winzer, die ihren Wein selbst destillieren. Der Wein wird teilweise an Cognacfirmen weiterverkauft; in zunehmendem Maße verkaufen diese Destillateure aber auch unter eigenem Namen.
Bouilleur de profession Handelsfirmen, die von verschiedenen Winzern Wein aufkaufen und destillieren
Brouillis Erstes Destillat (Rohbrand), die Herstellung dauert etwa zwölf Stunden.
Chai Lagerhalle für reifenden Cognac
Chaudière Kessel
Chauffe-Vin Weinvorwärmer, der den Wein vor der Destillation erhitzt und so die Energiekosten reduziert. Bei zu starker Erwärmung kann der Wein jedoch oxydieren.
Coeur de chauffe Herzstück oder Mittellauf der Destillation
Early Landed Junger Cognac von gewöhnlich nur einem Jahrgang, der als Faßware in die Importländer, in der Regel England, verschifft wird und dort unter Zollverschluß in Lagerhallen reift
Eau-de-Vie Jede Art von Spirituose, in der Regel bezieht sich dieser Begriff aber auf Weinbrand.

Eutypiose Der Pilz *Eutypa armeniacae* verursacht eine Krankheit, die auch als Holzhartfäule bekannt ist; erstmals 1977 identifiziert. Pilzkeime dringen in die Schnittstellen des Holzes ein, wo dann Toxine produziert werden; die Blätter vergilben und rollen sich ein, junge Triebe verkümmern, und die Erträge gehen zurück.
Faibles Verschnitt aus Cognac und destilliertem Wasser mit 15–18 Vol.-% Alkohol. Wird für die Reduzierung des Alkoholgehaltes eingesetzt.
Fine Champagne Verschnitt aus Weinen der Anbaugebiete Grande und Petite Champagne, der mindestens zur Hälfte aus Weinen der Grande Champagne bestehen muß.
Malolaktische Gärung Bei der zweiten Gärung wird Apfelsäure in Milchsäure umgewandelt.
Mehltau Weinschädling, erstmals um 1850 identifiziert
Paradis Lagerort für die ältesten Cognac-Reserven
Phylloxera Reblaus, die Weinreben zerstört. Sie trat in Cognac in den frühen 70er Jahren des 19. Jahrhunderts auf und zwang die Winzer zum Veredeln auf Phylloxera-resistente Weinstöcke.
Rancio Duft und Geschmack eines voll ausgereiften Cognacs, entsteht durch die lange Oxydation der Fettstoffe; auch »Madeiraduft« genannt.
VS Very Special
VSOP Very Superior Old Pale (überragende Qualität, alt, hell)
XO Extra Old – eine Bezeichnung, für Cognacs besserer Qualität

Glossar

Register

Adenauer, Konrad 90
Allary, M. (Böttcherei) 75, 140
Allied-Domecq 76, 90
Ambleville 169, 196, 198
  Château d' 198
Angoulême 8, 43–44, 103, 119, 157
Audry, A. E. 50–51
Audry, Odette 50
Aulnay 46, *46*
Aumagne 209
Ausbau *siehe* Reifung

Bacardi 182
Bache-Gabrielsen,
  Christian 106
  Thomas 106
Balluet 52–53
Bancel, J. 101
Beau, Paul 54
Bergier, Jean-Philippe 106
Berneuil 190
Bertrand et Fils 59–61
Beverage Testing Institute 124, 171
Bisquit, Alexandre 206
Blanc, Olivier 136
BNIC (Bureau National Interprofessionel du Cognac) 21, 32, 146, 220
Bois Ordinaires (Bois Communs; Anbaugebiet) 17, 18, 85, 128, 147
Boisson, Aristide 50
  Bernard 50
Bonnin 62
Bons Bois (Anbaugebiet) 17, 46, 64, 83, 85, 92, 102, 106, 128, 134–135, 163, 217
Borderies (Anbaugebiet) 17, 20, 63–64, 72–73, 77, 87–88, 92, 101–102, 134–135, 143, 163, 176, 182, 188, 212, 215, 217
bouilleurs de cru 23, 77, 91, 97, 163, 210, 215, 220
bouilleurs de profession 23, 77, 220
Bouteville 131
Bowen 72–73
Bowen, Elizabeth 72
Braastad, Antoine und Philippe 213
Braastad-Delamain, Alain 28, 96, *96*, 100
Briand, Gaston 196
Brissac-l'Épine, Logis de 64
Brissons de Laage,
  Domaine des 59
Brives 181
Brugerolle 68
Brugerolle, Claude 68

Brugerolle Cognac 68
Brugerolle, Etienne und Jean 68
  Léopold 68
Burnez, Claude 195
  Jean 194

Camus 63–67
Camus, Jean-Baptiste 63, *63*
  Jean-Paul *63*
CCG (Compagnie Commerciale de Guyenne) 68
  siehe auch Brugerolle, Meukow
Celles 215
Chabasse 71
Chabasse, Jean-Baptiste 71
  Louis Olivier 72
  René-Luc 71–73
Chainier et Fils,
  Dominique 74–57
Chaillaud, Domaine du 94
Chainier, Dominique und
  Jean Charles 74
  George und Guy 74
Challignac 62
Chalufour (Böttcherei) 119
Champaco-Genossenschaft 202
Château de Beaulon 21, 55–58, *55*, *58*
Château de Chanteloup 163, *163*
Château de Cognac 28, *42*, 181, 183, 185
Château de l'Épine 82
Château de Fontpinot 122
Château de Lignères 206–207
Château de Longchamp 92
Château Montifaud 174–175
Château Paulet 124, 188–189
Château de la Péraudière 179, *180*
Château du Plessis 63, *65*
Château d'Uffaut 63
Châteauneuf-sur-Charente 16, 77, 82, 103, 169–170
Churchill, Sir Winston 90, 207
Claix 157
Clot, Georges 204, *204*
Cognac (Stadt) 8–9, 12, 16–17, 41–42, 45–47, 101, 103, 143, 147, 158, 161, 170, 182, 192, 195, 202
Cognac d'Alliance 143
Cognac Davidoff 149
Cognacs aus einer Lage 126
Cointreau, Béatrice 121, 124
  Max 121, 123
Compagnie des Grandes Eaux-de-Vie de France (CGEVF) 64

Coste, Michel 68
Courvoisier 43, 76–81, 90
Courvoisier, Emmanuel 76
Croizet 82–83
Croizet, David 171
  Léon 82

Deau 91–94
Deau, Collette 94
  Jean-Marie 91–92
  Louys 91
Delamain 28, 32, 43, 95–100
Delamain, Françoise Elisabeth 151
  Henry 95
  Jacques 96
  James 9, 95
  Jean 96
  Maurice 96
  Nicholas 95
  Robert 96
Destillation 11, 23–25, *23*, *24*, *25*, 57, 64, 77, 114, 123, 126, 132–133, 137–138, 147, 163, *173*, 176, 182, 204, 207, 217
Domaine de Fontanger 62
Dompierre 101
Dor, A. E. 102–103
Dor, Amédée-Edouard 102
Dubarry, Pierre 176–177
Duboigalant 104–105, 215–216
Dubois 189
Dubreuil, André Heriard 202
Dupuy, A. E. 106–108
Dupuy, Auguste 106
  Edmond 106
  Jean und Léon 181–182

Early-landed-Cognac 31–32, 99–100, 152, 154, 155, 220
Eichenholz 27–28, *29*, *30*, 78, 186
  Alliereiche 64, 101, 110, 112, 119, 123, 213
  Limousineiche 26, 27, 51, 53, 57, 59, 69, 71–72, 75, 83, 85, 87, 93, 97, 104, 106, 110, 112, 114, 117, 123, 127–128, 133, 138, 140, 147–148, 152–153, 159, 164, 169–170, 172, 175, 182, 186, 188, 190, 194, 196, 202, 207, 210, 215, 218
  russische Eiche 204
  Tronçaiseiche 27–28, 53, 59, 64, 69, 97, 101, 114, 119, 123, 128, 134, 137, 153, 164, 167, 177, 180, 186, 196, 207, 210, 213, 218

- *222* -

Register

Elizabeth II 154
Erté, Collection 79
Etikettierung 31–32
Exshaw 109–111
Exshaw, John 109–110
   Thomas-Henri 110

Farbe 33–34
Ferrand, Jean Luc 112
Ferrand, Pierre 114–116
Fillioux, Jean 117–118
Fillioux, Pascal 117
Fins Bois (Anbaugebiet) 17, 45, 47, 50, 52, 55, 62, 64, 68, 71–73, 77, 83, 85, 87–88, 92, 101–102, 106, 119, 134–135, 143, 152, 157, 167, 182, 188, 190, 194–195, 206, 209, 212, 215, 217
Flaschen 12, 42, 98, 116, 127, 146, 153
Fougerat, Alain 119–20
Fougerat, Albert 119
Fontsèche, Domaine de 101
Franz I. 28, 41, *41*, 185
Frapin, P. 121–125
Frapin, Pierre 121

Gabriel et Andreu 126–127
Gallienne, Domaine de 162–163
Gallois, Louis 76
Garnier (Böttcherei) 148
Gatard, Joseph (Böttcherei) 172
Gautier 128–130
Gautier, Charles 128
Georges, Marc 176–177
Giraud, Paul 131–133
Giraud, Paul Jean 131
Gläser 33, *33*
Godet Frères 134–5
Godet, Augustin 134
   Bonaventure 134
Gourmel, Léopold 136–127
Goursat-Gourry de Chadeville 138–139
Goursat-Gourry, Pierre 138
Grande Champagne (Anbaugebiet) 13, 16–17, 43, 50–51, 63–64, 74, 77, 82–83, 87–88, 97–98, 102, 104, 106, 110, 112, 114, 117, 122, 131, 134–135, 138, 140, 144, 147, 152, 154, 158, 168, 170, 176, 180, 182, 186, 188, 194–196, 198, 201, 212, 213, 215, 217
Guerbé 140–142
Guerbé, Daniel 140
   Jean 140
   Marie Christine 140
Güteklassenbezeichnung durch Sterne 146
Guillot 64

Hardy, A. 143–144
Hardy, Anthony 143
Hennessy, Jas. 133, 145–150, 152, 190
Hennessy, Jacques 145
   Maurice 146
   Richard 9, 145

Henrietta Maria, Königin von England 95
Hiersac 136
Hine 32, 43, 145, 149, 151–156
Hine, Thomas 9, *10*, 151–152
   Thomas Georges 152

International Spirits Challenge 159
International Wine and Spirit Competition 66, 78, 108, 117, 124, 129, 135, 171, 177, 184, 189, 216

Jahrgangs-Cognacs 32, 137, 154–155
Jarnac 8, *8*, *13*, *43*, 76–77, 82, 95, 99, 119, 151, 153, 169, 172, 188, 200, 206, 209, 213
   Château de 151
Jonzac 16, 45, 55, 166
Juillac-le-Coq 140, 147, 204

Kochen mit Cognac 36
Krankheiten 12, 19, 82, 117, 122, 144, 162, 164, 166, 186, 200–201

Lacroux, Bernard und Jacques 188
Lagerung 36, 155
Lagrange, Gaston de 87–88
La Nerolle (Brennerei) 64, 65
Larcade, Michel 182
La Rochelle 18, 45, *45*, 56, 134, 179, 194
Leyrat, Edgard 157
Lhéraud, Guy 158–160
Lhéraud, Alexander 158
   Augustin 158
   Eugène 158
   Rémy 158
Livre du Cognac, Le 100
Logis de la Montagne 62
Ludwig XV. 128, 145
Luze, À. de 84–86
Luze, Alfred de 84
   Louis-Philippe de 84

Martell, J. & F. 161–165
Martell, Jean 9, 9, 161–162
Martini & Rossi 87
Matha 68
Maurin, Jean-Paul 166–167
Ménard et Fils 168–169
Ménard, Guy und Pierre 168
   Jean Paul 168
Menuet 170–1
Menuet, André 171
   Ernest 171
   Louis 170–171
Menuet & Jules 171
Mercury International Award Competition 66
Mesnard, Nicolas 168
Meukow 167
Mirambeau 17, 55
Moine, François 172
   Jean-Yves 172
Moine, J. Y. & F. 172–3

Monnet, Jean 149
Montmorency Bouteville, Herzog von 82
Motte, Domaine de la 166
Mounier 218
Moyet 176–178
Museum, Courvoisier 79
   Dompierre 101
   Hennessy 149

Napoléon III. 76
Napoléon Bonaparte 76, 79
Normandin, Edward 179
   George 179
   Jean-Marie 180
   Jules 179
Normandin-Mercier, J. 179–180

Otard 9, 28, 110, 181–185
O'tard de la Grange, Baron Jean-Antoine 9, *10*, 181

Painturaud, Guy 186
   Hippolyte 186
Painturaud, J. 186–187
Pariser Messen 57
Pelletant (Böttcherei) 169
Pernod Ricard 206
Petit et Fils, André 190–191
Petite Champagne (Anbaugebiet) 16, 45, 50, 51, 59, 71–74, 77, 83, 87–88, 102, 106, 126, 134, 135, 144, 152, 158, 174, 176, 180, 182, 188, 190, 194–195, 209, 212–213, 215, 217
Peyrelongue, Patrick 96, *96*
Phylloxera 12, 82, 122, 144, 162, 166, 186, 200–201, 220
Pilzbefall 12, 19
Pineau des Charentes 18, 37–39, 53, 55, 57, 60, 62, 64, 68, 74, 91, 92, 112, 141, 168, 172, 180, 186–187, 191, 199, 219
Planat 64, 192–193
Planat, Oscar 192
Pracomtal, Henri de 145, *146*
Prince Hubert de Polignac 219
Prunier 194–195
Prunier, Alphonse 194
   François 194
   Jean 194

Quais Hennessy, Les 149
Quien, Otto 201

Rabelais, François 121
Ragnaud, Jean-Marie 198
Ragnaud-Sabourin 196–197
Ranson, Isaac 95
Raymond Ragnaud 198–199
Ré 18, 45
Réaux 59
Reduzierung des Alkoholgehalts 26, 57, 75, 97, 101, 115, 127, 137, 148, 152–153, 163–164, 170–171, 175, 177, 180, 184, 188, 204, 210, 216
Regionale Küche in Cognac 37–40